小中一貫教育の実証的検証

心理学による子ども意識調査と
教育学による一貫校分析

編著 梅原利夫
都筑 学
山本由美

著 岡田有司
金子泰之
髙坂康雅
佐貫 浩

花伝社

小中一貫教育の実証的検証
——心理学による子ども意識調査と教育学による一貫校分析

◆

目次

第II部　教育学からみた小中一貫教育

まえがき

　小中一貫教育の教育的効果とデメリットについて、実証的に検証することを目的として、心理学と教育学の学際的研究を 2012 年にスタートさせた。その 9 年間に及ぶ研究成果をまとめたのが本書である。特に、3 期に渡って行われた発達心理学を専門とする研究者による大規模な子どもの意識調査によって明らかにされた、施設一体型小中一貫校の持つデメリット、課題について中心的に紹介している。教育学からはその成果の一部である、小中一貫校制度の変遷及び、当初から代表的な事例である東京都品川区と広島県呉市について取り上げている。

　小中一貫教育にはどのような効果があるのか。2015 年、学校教育法改正により、新たに義務教育学校（9 年間一貫した教育課程をもつ新たな学校種）が法制化される際の参議院審議で筆者は参考人招致を受け、資料作成のため文科省に問い合わせた際に、「小中一貫校と非一貫校を同一条件で比較した調査研究はまだない」という回答が返ってきた。他の多くの新自由主義的な教育制度と同様に、小中一貫校は検証が不十分なまま法制化に踏み切られたのだ。

　本来であれば、特に子どもの成長・発達を条件づける学校制度は、万全な検証を経て導入されるべきであったのだろう。2000 年に文科省「研究開発学校」制度によって試行的に広島県呉市で導入され、東京都品川区、京都市などで「教育特区」制度によって拡大された小中一貫校に対して、「単なる学校統廃合の方途ではないか」「子どもにメリットがあるのか」といった疑問が出され始めていた。各地で統廃合反対運動が起きるようになった 2011 年、「学校間移行の研究」を専門とする心理学者、都筑学氏に筆者が出会ったことが本研究の発端となった。教育学にはない科学的検証

という「固有の武器」を有する心理学分野の研究者との共同研究の必要性から本研究が開始された。

　科研費研究として、第1期「小中一貫教育の総合的研究（2012～2014年度基盤研究(B) 24330224）」、第2期「小中一貫校の総合的な研究（2015～2017年度基盤研究(B) 15H03479）」、第3期「小中一貫校の総合的研究——実践と制度に着目して（2018～2020年度基盤研究(B) 18H00981、いずれも梅原利夫代表）」と継続され、結局、発達心理学を専門とする心理学研究者4名、教育学研究者9名が参加することになった（部分的な参加を含む）。

心理学と教育学の学際的共同研究

　心理学分野はいずれも発達心理学を専門とする研究者（都筑学、髙坂康雅、岡田有司、金子泰之）であり、教育学分野からは、教育課程・カリキュラム論2名、（梅原利夫、金馬国晴）、教育制度・政策論2名（佐貫浩、山本由美）、生徒指導論2名（大日方貴史、船橋一雄）、学校経営学2名（富樫千紘、御代田桜子）、教育社会学1名（額賀美沙子）と多彩な領域の研究者から構成されたチームで多面的な分析が行われた。

　第1回のアンケート調査の最初の分析結果を、和光大学の同僚である髙坂氏が向かいの筆者の研究室に見せに訪れた時の衝撃は忘れられない。小4生から中3生（一貫校では9年生）を対象とした調査の多くの指標において、小中一貫校の小学生にネガティブな傾向が見られたのであった。それは予想を超えたものだった。

　なぜそのような結果が出たのか、心理学研究者と多領域の教育学研究者が全体研究会で話し合い、理由となる要因の可能性を追求し合った。小中一貫校制度に起因するのか、あるいは施設一体型小中一貫校の小学校部分が統廃合の直後であるケースが多いのでその混乱の影響ではないか、などさまざまな意見が出された。そこで出された意見については、調査結果を各学校にフィードバックする際に、直接学校訪問して関係者に追加インタビューを行うなど、さらに解明する努力を重ねた。小学校教育の持つ固有の価値、発達段階として小学校高学年期に獲得する「自己有能感」や

「リーダーシップ」の重要性など、心理学から多くのことを学び、あるは再確認することができた。

　本書の心理学アンケート調査は、今までに実施された唯一の「一貫校と非一貫校を同一条件で比較した大規模アンケート調査」であるといえよう。特に、①子どもの声を集約している点、②経年を通した縦断調査を含んでいる点（制度が子どもに与える経年的な変化について明らかにすることができる）、③第1回の「コンピテンス（やればできる、という気持ち）」、第2回の、「レジリエンス（困難に負けない、という気持ち）」、第3回の「リーダーシップ」など、多面的な内容の指標を用いた検証となっている点、などが特色である。

施設一体型小中一貫校への着目

　また文科省は、2000年の呉市の「研究開発学校」制度による小中一貫教育の開始以来、小中一貫教育、小中一貫校の施策を進める中で「施設一体型」であるか否か、という制度区分を敢えて用いてこなかった。施設が離れた小・中学校を対象とする小中連携教育をも小中一貫教育実施校としてカウントしていた。また「義務教育学校」も、施設形態（一体型・隣接型・分離型）を問わず制度設計された。

　その結果、小中一貫校数（小中一貫教育導入校数）は数多くカウントされるようになったが、その制度的特性については茫漠としたものとして認識される傾向があった。2013年に行われた数少ない小中一貫校を対象とした大規模調査である朝日新聞調査（2013年10月25日朝日新聞掲載）において、当時、全国で施設一体型小中一貫校が100校開設されていることがようやく判明したという状況であった。朝日新聞は各県庁などに聞き取り調査までして校数を確認したという。

　しかしながら私達の調査では、「施設一体型」小中一貫校か、非一貫校（普通の小・中学校）であるか、という区分に焦点を当てて分析を行っている。実際には、発達段階が異なる小学生と中学生が同一空間で生活し、小中双方の教師が一つの学校運営、学校づくりに携わるという劇的な制度的変化が起きる施設一体型一貫校の検証を丁寧に行う必要性があると思わ

れるからである。さらには、実際には学校統廃合の方途として多用されている施設一体型小中一貫校について、その教育的効果や影響について検証を行う緊急の必要性もあったと思われる。子ども、保護者、住民にとって、従来の小・中学校が施設一体型小中一貫校に変更されることは大きな変化であったはずだ。

この科学的実証に裏付けられた調査結果は、第1回調査時より多くの心理学及び教育学の学会で社会的に公表された。それは各地で頻発するようになった多くの小中一貫校開設、実質的学校統廃合の見直しを求める保護者、住民の教育運動にとって、大きな知見として役立ってきた。全国で、実際にこのデータが、小中一貫校計画の見直しや慎重な計画化のために有効に活用されてきた。

8年間のアンケート調査で、多くの教育委員会、学校関係者の方にご協力をいただいたことを感謝したい。数多くの小中一貫校に調査協力を依頼し続けてきたが、多忙な中、調査をご承諾いただいた学校関係者からは、この制度が果たしてどんな意味を持っているのか検証してみたい、という率直な声もしばしば聞かれた。

また教育委員会が協力してくださり、自治体ぐるみで全学校にアンケート調査協力を呼びかけていただいたケースが複数ある。そこでは教育学のグループが協力校を1校ずつ訪問して先生方に向けて結果のフィードバックを行い、現場の率直な声を聞き取ることができた。

最後に、出版に向けてご尽力いただいた、花伝社の平田勝社長と編集部の佐藤恭介氏に感謝の言葉を送らせていただきたい。

編著者を代表して　山本由美

第 I 部

調査研究グループの研究成果のまとめ

第1章　小中一貫教育科研の調査研究は何を明らかにしたのか——調査研究の問題意識と概要

　本章では、心理学グループがおこなってきた研究活動を概括的に紹介する。メンバーは、都筑学（中央大学）、髙坂康雅（和光大学）、岡田有司（東京都立大学）、金子泰之（静岡大学）の４人である。われわれは、これまでに、心理学や教育学関連の学会において、研究成果を発表してきた。また、「小中一貫教育と学校統廃合を考える全国交流集会」において、保護者・地域住民・教師などに対して、報告をおこなってきた。

　このような経緯をふまえながら、本章では、以下の５点から、われわれの研究活動を紹介していく。

　第１に、われわれの問題意識と調査研究のねらいを示し、小中一貫教育科研（科学研究費）における調査研究の位置づけについて論じる。

　第２に、科研費の３つの調査とX市で実施した調査をあわせて、４つの調査研究の全体的な構成を示し、研究活動の流れを紹介する。

　第３に、４つの調査における目的と対象者、質問項目などを示し、各調査の概要とポイント、各調査の独自性を説明する。

　第４に、本章に続く第２〜９章の内容を簡潔にまとめて示し、全体の構成および各章の関係性を明らかにする。

　第５に、既存の研究発表リストを示す。

1．われわれの問題意識と調査研究のねらい

　1947（昭和22）年に新制中学校が設立され、小学校と中学校が義務教育となった。小学校は初等教育、中学校は前期中等教育を担うこととされ

た。その小学校と中学校は、さまざまな点で異なっている。児童と生徒という呼称の違い。小学校のクラス担任制と中学校の教科担任制という教授方法の違い。授業時間は、小学校では 45 分、中学校になると 50 分。小学校と中学校は、それぞれの学校文化も雰囲気も違っている。このような状況のもとで、子どもは小学校を卒業して、中学校に入学する。小学校と中学校の区分は、長年にわたって続いてきた。

　2000 年、広島県呉市において、小中一貫教育が全国で初めて導入された。それ以降、事情は次第に変化していった。呉市の場合には、文部省（当時）の「研究開発学校制度」を利用したカリキュラム上の特例だった。小学校と中学校を一体化し、4・3・2 制が敷かれた（天笠、2005）。その後、小中一貫教育を掲げる小中一貫校が、全国的に広がっていった（山本・藤本・佐貫、2011）。それらの小中一貫校は、国の経済特区制度などを利用して作られたものだった。学校教育法にもとづいて設置された学校ではなかったのである。その後、2016 年に、学校教育法第一条に、「義務教育学校」が新たに付け加えられた。小学校と中学校が一体となった小中一貫教育が、教育法制度上で認められたのである。

　小中一貫教育を推進する小中一貫校を新たに設置する理由は、多岐にわたる（山本・藤本・佐貫、2011、2016）。そのなかで、心理学に関係する理由として、しばしば登場するのが「中 1 ギャップ」（新潟県教育委員会、2005）の解消である。

　「中 1 ギャップ」は、次のような形で指摘されている。一つは、いじめや不登校という問題行動である。学校教育統計では、いじめや不登校の児童生徒数は、小学校よりも中学校の方が多い。小学校と中学校の間にギャップがあるから、いじめや不登校が増えるという「論理」である。それに対して、文部科学省国立教育政策研究所生徒指導・進路指導研究センター（2014）は、次のように反論している。中学校で顕在化するいじめや不登校の問題は、小学校のときに既に始まっている。これは学校教育統計の指標を丹念に分析した上で明らかである。「中 1 ギャップ」への対応ではなく、小学校で潜在しているいじめや不登校への対策が望まれるのである。

　もう一つの「中１ギャップ」は、子どもの発達における適応上の問題である。天笠（2005）は、小学校と中学校の区分から生じる問題点の一つとして、思春期に落ち込む自尊感情を挙げている。都筑（2005）の４年間の縦断調査も、小学４年生から中学３年生にかけて、自尊感情が徐々に低下することが示されている。それと同時に、都筑（2005）の縦断調査では、別の事実も明らかにされている。小学６年生の３学期から中学１年生の１学期にかけて、子どもの自尊感情は高まっていたのである。都筑（2008）は、同じ縦断データを用いて、自尊感情と将来への希望との関係を検討している。その結果、小学校での自尊感情の高さが、中学校での将来への希望を強めることがわかった。また、小学校での将来の希望の高さは、中学校での自尊感情を強めていたのである。

　中学校への進学を前にして、小学６年生は期待や希望に胸を膨らませる。同時に、不安や戸惑いの感情も沸き起こってくる。都筑（2001）は、縦断調査で、この点について検討している。その結果、明らかになったのは、期待と不安という両面感情を持つことの発達的意味である。期待と不安の両面感情を持った小学６年生は、中学校生活を積極的かつ意欲的に過ごしていたのである。

　以上、２つの点から、「中１ギャップ」の問題点を検討した。このことから分かるように、「中１ギャップ」の存在は、きわめて不確実なものだといえる。小中一貫教育を推し進めようとする心理学的な理由は、根拠の薄いものなのである。むしろ、小学校から中学校の学校移行は、子どもにとってポジティブな発達的契機となり得る。縦断調査にもとづく実証的知見は、そのことを明らかにしている。

　それにもかかわらず、小中一貫校は次々と作られていった。人口減少が続く地域では、小学校と中学校を統廃合して、広い学区のなかに小中一貫校が新設された。首都圏では、1,000人を超すような大規模な小中一貫校が新設された。それに対して、子どものことを心配する保護者や地域住民、教師からの疑問や批判も多く出されてきた。小中一貫教育・小中一貫校で学ぶことは、子どもにとってどのような意味と影響があるのか。そうした点について、発達心理学の専門家としての意見を求められる機会も少なく

なかった。

　ここまで述べてきたような状況のもとで、われわれ心理学グループは調査研究を開始した。小中一貫教育・小中一貫校の良い点を示す調査結果は少なくない。だが、その調査の多くは、教師が回答した結果にもとづいたものである。小中一貫校に通う子どもたちの声を集約したものは皆無であると言ってもよいだろう。何よりも重要なのは、子どもの視点から検討し、実証的知見にもとづいて事実を明らかにすることである。このことが、心理学グループの調査研究の問題意識の根底にある。

　小中一貫教育・小中一貫校に関する実証的データを集めるために、次のような調査デザインを計画した。第 1 は、縦断調査を実施し、子どもの変化を検討していくことである。縦断調査は、学年進行にともなって生じる個人ごとの意識の推移を追跡する調査手法である。縦断調査によって、小学 6 年生から中学 1 年生への変化の検討も可能になる。第 2 に、小中一貫校と通常の小・中学校に通う子どもを比較することである。両者の差異を検討することによって、小中一貫校の特徴が明らかになる。第 3 は、できるだけ多くの調査サンプルを集めることである。それによって、データの安定性を担保するためである。

2．調査研究の全体的構成

　科研費の研究は、次の 3 期に分かれている。第 1 期（2012 〜 14 年度）、第 2 期（2015 〜 17 年度）、第 3 期（2018 〜 20 年度）。第 1 期の初年度は、調査研究のデザインや質問項目の選定などをおこなった。そのために、第 1 期の調査は、2013 〜 2014 年度の 2 回であった。第 2 期と第 3 期の調査は、各年度ごとに 3 回ずつ実施した。これらの調査は、いずれも縦断調査である。

　第 1 期の調査においては、次の 2 つの方法で各学校に調査を依頼した。小中一貫校に関しては、全国の該当する学校に対して、調査のお願いと調査計画の文書を郵送した。通常の小・中学校に関しては、機縁法によって、科研費メンバーと何らかのつながりのある学校に依頼した。第 2 期・第 3

期の調査においても、同様の方法で調査を依頼した。

　上記の調査に加えて、2018年には、X市教育委員会からの依頼を受けて調査を実施した。この調査は、1回限りのものであった。

　4つの調査における対象校数と対象者の人数は、第2〜5章に示したとおりである。思春期における発達的傾向を明らかにするために、小学4〜6年生と中学1〜3年生を調査対象としている。

　第1期では、小中一貫校の特徴を把握するために、施設一体型と施設分離型の2つのタイプの学校を対象とした。第2期と第3期においては、比較を明確化するために、施設一体型の小中一貫校に対象を絞って調査した。

　縦断データセットを作成するには、個人を特定することが必要である。そのための情報として、誕生日・性別・名前の最初の一文字（ひらがな）の記入をフェイスシートで求めた。縦断データは、2013〜14年度、2015〜17年度、2018〜19年度の3つのデータセットである。縦断データの対象校数と対象者の人数は、第2〜5章で表に示しておいた。なお、第3期の2020年度の調査は、現在進行中であるために、本書では分析対象としていない。

3．各調査の概要

　それぞれの調査の質問内容は、第2〜5章において示してある。

第1期（2013〜14年度）の調査

　第1期の目的は、次の2点だった。一つ目は、小中一貫校の特徴を明らかにすることであった。そのために、施設一体型と施設分離型の学校を対象として、2つのタイプの小中一貫校の差異を検討した。二つ目は、「中1ギャップ」の検討であった。そのための指標として、学校適応を測定する項目を中心に調査内容を構成した。具体的には、質問項目は、適応状態（学校適応感・精神的健康）、自分の有能さ（コンピテンス）、自分と他者との関係性（独立性・協調性）、家庭の様子（家庭の文化資本）だった。中学校生活への期待と不安については、小学校6年生のみに質問した。

第2期（2015〜17年度）の調査

　第2期の目的は、個人特性と環境の要因が、適応に及ぼす影響を検討することであった。個人特性は、レジリエンス（人間的な強さ）で測定し、環境は、ソーシャル・サポート（教師や友人からの支援）と環境負荷（学校環境の負荷）の2つによって測定した。適応は、総合的な適応（学校適応感）と各領域における適応（クラスへの適応、教師との関係、学校のルールへの意識）を用いた。中学校生活への期待と不安（小学校6年生のみ）も含まれている。

第3期（2018〜19年度）の調査

　第3期には、リーダーシップや向学校活動など、他者への能動的な働きかけに関する項目を付け加えた。第2期でも、対人関係を検討する項目が入っていたが、サポートの受け手の側からの項目だった。そこで、第3期では、送り手側の視点から、対人関係を検討することを主な目的とした。調査内容は、以下のようだった。リーダーシップ、向学校的行動、共同体感覚尺度、援助行動、学校環境の負荷、学校適応感、学習への取り組み。

X市の調査（2018年）

　X市の調査は、基本的に第2期の調査項目にもとづいて設計された。

4．第2〜9章の構成

　第2章から第5章は、第1期から第3期およびX市の調査から明らかになったことをまとめてある。
　第6章では、調査全体から明らかになったことを示した。
　第7章では、得られた調査結果にもとづいて考えられる発達心理学の視点からの発言をまとめた。
　第8章では、調査全体から考えられる小小中一貫教育への提言を述べた。
　第9章では、本研究の限界と意義について述べた。

5．調査研究の成果（学会発表一覧）

これまでにおこなった学会発表のリストは、**表1**示したとおりである。

文献

天笠成監修・広島県呉市立五番町小学校・二河小学校・二河中学校編著（2005）『公立小中で創る一貫教育　四・三・二のカリキュラムが拓く新しい学び』ぎょうせい

新潟県教育委員会（2005）「中一ギャップ解消調査研究事業報告書」

都筑学（2001）「小学校から中学校への進学にともなう子どもの意識変化に関する短期縦断的研究」『心理科学』22(2)，41‐54．

都筑学（2005）「小学校から中学校校にかけての子どもの「自己」の形成」『心理科学』25(2)，1‐10．

都筑学（2008）『小学校から中学校への学校移行と時間的展望――縦断的調査にもとづく検討』ナカニシヤ出版

山本由美・藤本文朗・佐貫浩（編）（2011）『これでいいのか小中一貫校　その理論と実態』新日本出版社

山本由美・藤本文朗・佐貫浩（編）（2016）『「小中一貫」で学校が消える　子どもの発達が危ない』新日本出版社

表 1　学会発表リスト

著者	年	タイトル	出典
髙坂康雅・都筑学・岡田有司	2014	小中一貫校・非一貫校における子どもの適応・発達（1）―学校適応感・精神的適応に注目して	日本教育心理学会第 56 回総会発表論文集，p.529
都筑学・岡田有司・髙坂康雅	2014	小中一貫校・非一貫校における子どもの適応・発達（2）―コンピテンスに注目して	日本教育心理学会第 56 回総会発表論文集，p.530
岡田有司・髙坂康雅・都筑学	2014	小中一貫校・非一貫校における子どもの適応・発達（3）―独立性・協調性に注目して	日本教育心理学会第 56 回総会発表論文集，p.531
髙坂康雅・都筑学・岡田有司	2015	小中一貫校・非一貫校における子どもの適応・発達（4）―中学校生活に対する期待・不安に着目して	日本教育心理学会第 57 回総会発表論文集，p.334
都筑学・岡田有司・髙坂康雅	2015	小中一貫校・非一貫校における子どもの適応・発達（5）―中学校生活に対する期待・不安の的中に着目して	日本教育心理学会第 57 回総会発表論文集，p.335
岡田有司・髙坂康雅・都筑学	2015	小中一貫校・非一貫校における子どもの適応・発達（6）―小中一貫校の形態別の検討	日本教育心理学会第 57 回総会発表論文集，p.336
髙坂康雅・都筑学・岡田有司・金子泰之	2017	小中一貫校・非一貫校における子どもの発達・適応（7）―レジリエンスに着目して―	日本発達心理学会第 28 回大会発表論文集，p.649
都筑学・岡田有司・金子泰之・髙坂康雅	2017	小中一貫校・非一貫校における子どもの発達・適応（8）―ソーシャルサポートに着目して―	日本発達心理学会第 28 回大会発表論文集，p.650
岡田有司・金子泰之・髙坂康雅・都筑学	2017	小中一貫校・非一貫校における子どもの発達・適応（9）―学級適応感に着目して―	日本発達心理学会第 28 回大会発表論文集，p.651
金子泰之・髙坂康雅・都筑学・岡田有司	2017	小中一貫・非一貫校における子どもの発達・適応（10）―学習動機づけに注目して―	日本発達心理学会第 28 回大会発表論文集，p.652
髙坂康雅・岡田有司・金子泰之・都筑学	2017	小中一貫校・非一貫校における子どもの適応・発達（11）―学校環境からの負荷に着目して―	日本教育心理学会第 59 回総会発表論文集，p.526
岡田有司・金子泰之・髙坂康雅・都筑学	2017	小中一貫校・非一貫校における子どもの適応・発達（12）―学校環境と学習意欲の関係に注目して―	日本教育心理学会第 59 回総会発表論文集，p.527
金子泰之・岡田有司・髙坂康雅・都筑学	2017	小中一貫校・非一貫校における子どもの適応・発達（13）―学校環境と学校適応の関係に注目して―	日本教育心理学会第 59 回総会発表論文集，p.528
髙坂康雅・都筑学・岡田有司・金子泰之	2018	小中一貫校・非一貫校における子どもの適応・発達（14）― 2015 年・2016 年のレジリエンスの変化に着目して―	日本発達心理学会第 29 回大会発表論文集，P8-27
都筑学・岡田有司・金子泰之・髙坂康雅	2018	小中一貫校・非一貫校における子どもの適応・発達（15）― 2015 年・2016 年のソーシャルサポートの変化に着目して―	日本発達心理学会第 29 回大会発表論文集，P8-28
岡田有司・金子泰之・髙坂康雅・都筑学	2018	小中一貫校・非一貫校における子どもの適応・発達（16）― 2015 年・2016 年の学校生活の諸領域の変化に着目して―	日本発達心理学会第 29 回大会発表論文集，P8-29
金子泰之・岡田有司・髙坂康雅・都筑学	2018	小中一貫校・非一貫校における子どもの適応・発達（17）― 2015 年・2016 年の学習動機づけの変化に着目して―	日本発達心理学会第 29 回大会発表論文集，P8-30
髙坂康雅・都筑学・岡田有司・金子泰之	2020	小中一貫校・非一貫校における子どもの適応・発達（18）―共同体感覚に着目して―	日本教育心理学会第 62 回総会発表論文集，P016
都筑学・岡田有司・金子泰之・髙坂康雅	2020	小中一貫校・非一貫校における子どもの適応・発達（19）―リーダーシップに着目して―	日本教育心理学会第 62 回総会発表論文集，P017
岡田有司・金子泰之・髙坂康雅・都筑学	2020	小中一貫校・非一貫校における子どもの適応・発達（20）―援助行動に着目して―	日本教育心理学会第 62 回総会発表論文集，P108
金子泰之・岡田有司・髙坂康雅・都筑学	2020	小中一貫校・非一貫校における子どもの適応・発達（21）―向学校的行動に着目して―	日本教育心理学会第 62 回総会発表論文集，P019

第2章 第1期（2013 〜 14年度）における 調査結果

都筑　学

1．はじめに

　第1期では、小中一貫教育に関して、授業を受けている子どもの視点から検討することをねらいとしていた。小中一貫校には、施設一体型、施設隣接型、施設分離型という3つのタイプがある。それぞれは、教育環境の面で異なっている。その特徴は、以下のとおりである。

　施設一体型では、同一の敷地内に小学校と中学校が一体となった校舎が建てられており、運動施設等も小学校と中学校で互いに共有する。

　施設隣接型では、隣り合った敷地に小学校と中学校のそれぞれの校舎や施設がある。

　施設分離型では、離れた校地に小学校と中学校の校舎があり、行事や交流の機会に、児童生徒や教師が互いの校地を行き来する。

　この3つの小中一貫校のタイプのなかで、施設分離型は、従来の小中学校を区分する枠組みを残しながら、9年間の統一した教育課程の下で学ぶ小中一貫教育を目指すものである。それに対して、施設一体型は、児童生徒が通っていた小学校・中学校を統廃合して、別の校地に新しく小中一貫校を建設する。児童生徒は、このことによって従来の学校生活とは異なる体験をすることになる。すなわち、通学時間や方法の変化（例えば、バス通学など）、小学生と中学生が同一校地で学習・生活を送ることなど、施設一体になることでの変化が生じる。こうした体験は、児童生徒に大きな影響を及ぼすと考えられる。このことについて、教師による評価ではなく、子どもの視点から検討することが重要である。第1期の調査では、上記の

点を念頭に置きながら調査計画をデザインしていった。

2．調査の方法

⑴ 調査の計画

　小中一貫教育の総合的研究に関する科研費の活動は、2012年度から開始された。初年度は、質問内容・項目の検討および調査対象校の選定・依頼などの準備期間であった。第1期の質問紙調査が開始されたのは、2013年度に入ってからとなった。2013年度と2014年度の2年間の縦断調査を計画した。

⑵ 調査の内容

　小中一貫教育が子どもに及ぼす影響を明らかにするための指標として、学校適応を測定する項目を中心に調査内容を構成した。具体的な質問項目は、以下に示すとおりである。

学校適応感

　三島（2006）の階層型学校適応感尺度の「統合的適応感覚」（「学校に来るのは楽しい」「学校に行きたくないと思うことがある」（逆転項目）の2項目、5件法。

精神的健康

　西田・橋本・徳永（2003）の児童用精神的健康パターン診断検査（MHPC）の6下位尺度から2項目ずつ、A．怒り感情（「いらいらしている」「腹が立つことが多い」）、B．疲労（「体がだるい」「疲れがとれない」）、C．生活の満足度（「良い1日を送っている」「明るい生活をしている」）、D．目標・挑戦（「はっきりした目標をもっている」「目標に向かって頑張っている」）、E．ひきこもり（「人と話をするのが嫌である」「人と会いたくない」）、F．自信（「自分に自信をもっている」「何でも自信をもってやる」）、5件法。

コンピテンス

　児童用コンピテンス尺度（櫻井、1992）の４下位尺度、A．学業（「勉強は、クラスの中で、できる方ですか」「勉強は苦手ですか（逆転項目）など４項目」）、B．友人関係（「友だちは、たくさんいますか」「クラスの中では、人気者だと思いますか」など３項目）、C．運動（「運動は得意な方ですか」「はじめてのスポーツでも、うまくできる自信がありますか」など４項目）、D．自己価値（「自分に、自信がありますか」「たいていのことは、人よりうまくできると思いますか」など４項目）、４件法。

独立性・協調性

　相互独立的・相互協調的自己観尺度（高田、1999）の４下位尺度、A．個の認識・主張（「いつも自分の意見をもつようにしている」「いつも自分のしたいことがわかっている」）、B．独断性（「何かを決めるとき、一番いいのは自分自身で決めることだと思う」「たいていは何をするかを自分ひとりで決める」など４項目）、C．他者へ親和・順応（「クラスのみんなと仲よくすることは大切だと思う」「クラスのみんなから好かれたいと思う」など３項目）、D．評価懸念（「クラスのみんなが自分のことをどう思っているか気になる」「何かをしようとするとき、失敗がこわくてまよってしまう」など３項目）、５件法。

　なお上記の調査項目以外に、家庭の文化的資源、中学生活への期待と不安についても質問したが、本章では結果について言及しないので、詳細は省略する。

⑶ 調査対象校と人数

　調査対象校と人数は、表２−１に示したとおりである。2013 年度は、64校の児童生徒 8,873 人から回答を得た。施設一体型一貫校については、在籍している全児童生徒数に応じて、小規模校（200 人未満）、中規模校（300 〜 400 人）、大規模校（1,000 人以上）の３つに分類した。施設分離型一貫校は、小学校３校と中学校１校から構成されていた。

　2014 年度も、同じ学校に調査を依頼し、21 校の児童生徒 1,088 人の回

表2-1　調査対象校と人数

	2013年度	2014年度
施設一体型一貫校		
大規模校	1校（647人）	
中規模校	3校（569人）	1校（98人）
小規模校	3校（177人）	
施設分離型一貫校	1校（691人）	
非一貫校	56校（6,792人）	20校（990人）

（注）小規模校：児童生徒数200人未満
　　　中規模校：児童生徒数300〜400人
　　　大規模校：児童生徒数1,000人以上
　　　施設分離型一貫校：小学校3校と中学校1校

答を得た。2013年度と比較した学校数は32.8％に減少した。施設一体型一貫校からの回答は1校だけだった。

3．調査の結果と考察

(1) 施設一体型一貫校と施設分離型一貫校、非一貫校との比較

　2013年度調査のデータにもとづいて、施設一体型一貫校の特徴を検討する。その際に、施設分離型一貫校と非一貫校を比較の対象とする。以下、施設一体型、施設分離型、非一貫校の3つの学校タイプにおける学年ごとの平均値にもとづいて検討していく。

A．学校適応感
　「学校が楽しい」「学校に行きたい」という学校適応感は、中点の3点よりも高い値を示していた。全体としては、肯定的な学校適応感を示していると考えられる。
　学校タイプ別にみると、施設一体型・施設分離型の4年生は非一貫校の4年生よりも得点が低かった。施

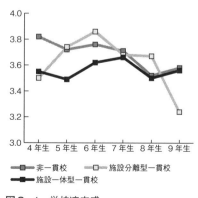

図2-1　学校適応感

設一体型の５・６年生は施設分離型・非一貫校の５・６年生よりも得点が低かった。これらのことから、施設一体型の小学生は、施設分離型や非一貫校の児童と比較して、学校適応感が低い傾向にあるといえる。

Ｂ．精神的健康

　図２−２〜７の６つの図は、精神的健康の平均値を示したものである。

　精神的健康のマイナス面である「怒り感情」（図２−２）、「疲労」（図２−３）、「ひきこもり」（図２−６）のうち、「怒り感情」と「ひきこもり」は、中点の３点よりも低くなっていた。それに対して、「疲労」の得点は、８・９年生において３点を超えていた。

　また、「怒り感情」と「疲労」は、学年が上がるにつれて得点が上昇していき、特に、中学生において疲労を感じやすくなっていることがわかった。

　学校タイプ別にみると、施設一体型において「疲労」の得点が、他の２つのタイプの学校よりも高いことが明らかになった。

　精神的健康のプラス面である「生活の満足感」（図２−４）、「目標・挑戦」（図２−５）、「自信」（図２−７）のうち、「生活の満足感」と「目標・挑戦」は、中点の３点よりも高くなっていた。それに対して、「自信」の得点は、７〜９年生において３点を下回っていた。施設一体型の６年生も2.79点であり、中点を下回っていた。

　学年にともなう変化が見られたのは「自信」であり、学年が上がるにつれて得点が低下していった。特に、中学生では、自信を感じにくくなっていることがわかった。

　学校タイプ別にみると、「目標・挑戦」と「自信」に関して、施設一体型の４〜６年生の得点が低いことが明らかになった。

　以上のことから、施設一体型の児童生徒は疲労感が強く、特に、小学生段階で自信を持って、目標に挑戦する点での弱さを持っていると考えられる。また、中学生は、小学生と比較して疲労を感じやすく、自信を持ちにくい傾向にあるといえるであろう。

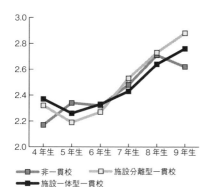

図2-2　怒り感情

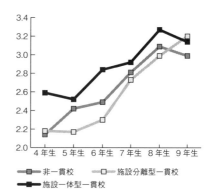

図2-3　疲労

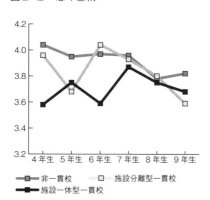

図2-4　生活の満足感

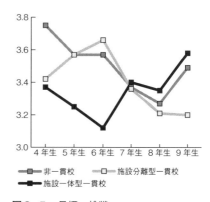

図2-5　目標・挑戦

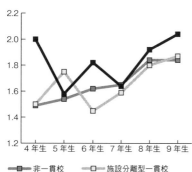

図2-6　ひきこもり

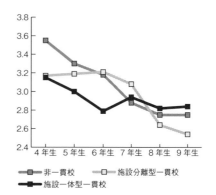

図2-7　自信

C．コンピテンス

　図2-8〜11の4つの図は、自分の有能さを意味するコンピテンスの平均値を示したものである。「学業」（図2-8）、「対人関係」（図2-9）、「運動」（図2-10）、「自己価値」（図2-11）のうち、「対人関係」は多くの学年が中点の2.5点を上回っていたが、「運動」と「自己価値」では2.5点より低い学年の方が多く、「学業」では大部分の学年が2.5点を下回っていた。

　学年による変化が顕著だったのが「学業」であり、学年が上がるにつれて得点が低下していった。その他の3つの下位尺度でも、学年とともに得

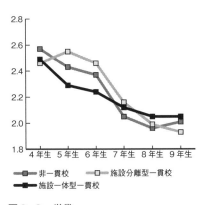

図2-8　学業

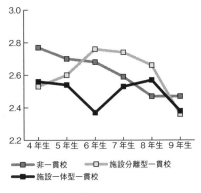

図2-9　友人関係

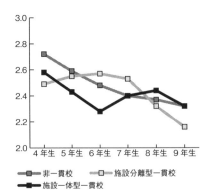

図2-10　運動

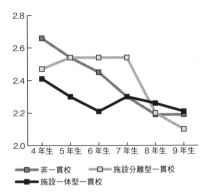

図2-11　自己価値

点が低下していく傾向が見られた。

　学校タイプ別にみると、施設一体型の4〜6年生が、「学業」「対人関係」「運動」「自己価値」の4つのコンピテンスにおいて、他の2タイプよりも低い得点を示していた。このことから、コンピテンスのさまざまな領域に関して、施設一体型の児童は、自分の有能さを感じにくくなっているといえるである。

D．独立性・協調性

　図2‒12〜15に示した4つの図は、自己と他者との関係の認識を意味する独立性・協調性の平均値である。「個の認識・主張」（図2‒12）、「独断性」（図2‒13）、「他者への親和・順応」（図2‒14）、「評価懸念」（図2‒15）のうち、「他者への親和・順応」と「評価懸念」は中点の3点を上回り、「独断性」は3点を下回っていた。「個の認識・主張」では、ほとんどの学年が3点よりも高かった。

　学年にともなう明確な変化の傾向は、いずれも認められなかった。

　施設一体型の4〜6年生は、「個の認識・主張」の得点が、他の2タイプよりも低い傾向にあった。自分の意見をもって、やりたいことを明確にするという点での弱さを示していると考えられる。

　以上のことをまとめると、施設一体型小中一貫校に通っている小学校段階の児童は、施設分離型や非一貫校の児童と比較した場合、次のような特徴を持っていることが明らかになった。

　学校適応感が低い傾向にあり、疲労感が強く、自信や目標に挑戦するという姿勢が弱い。学業や対人関係、運動や自己の価値などのコンピテンスの側面で、自分の有能さを感じにくい。自分のやりたいことや意見を明確に示すことが少ない。

　ただし、これらの特徴は、他のタイプの学校に通っている児童と比較した相対的な差異であり、絶対的に不足していたり、あるいは不十分だという訳ではない点に留意する必要がある。

　その一方で、これだけ多くの指標において、施設一体型小中一貫校に通っている児童（4〜6年生）が共通した傾向を示した背景には、何か必然的

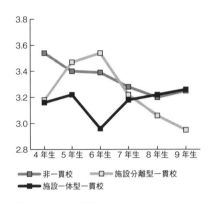

図2-12　個の認識・主張

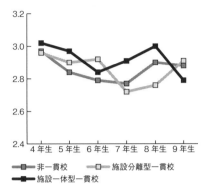

図2-13　独断性

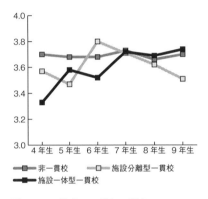

図2-14　他者への親和・順応

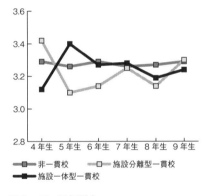

図2-15　評価懸念

なものが存在しているのではないだろうか。これらの結果には、学校統廃合によって新しくできた小中一貫校に通学し、授業を受けていることが、大きく影響しているといえると考えられるだろう。新しい学校への適応において、年少の児童ほどネガティブな影響を受けているように思われる。

(2) 施設一体型一貫校における学校規模による比較

　施設一体型一貫校の児童生徒数にもとづいて、小規模校・中規模校・大規模校に分類し、施設一体型の中でも差異が見られるかどうかを検討した。

Ａ．学校適応感

　図 2 - 16 には、学校適応感の平均値を示しておいた。そこからわかるように、5 年生を除き、小規模校の得点が最も高く、中規模校がそれに次いで高かった。全ての学年において、大規模校の得点が最も低かった。このことから、学校適応感は、学校規模が拡大するとともに低下していくことが明らかになった。

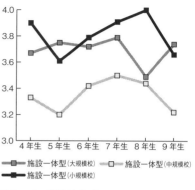

図 2 - 16　学校適応感

Ｂ．精神的健康

　図 2 - 17 ～ 22 には、精神的健康の平均値を示しておいた。

　小規模校では、学年にともなって得点が大きく上下に変動している。これは各学年の人数が少ないことによるものと思われる。そこで、小規模校の結果を脇に置いて、中規模校と大規模校を比較してみた。

　精神的健康のマイナス面である「怒り感情」（図 2 - 17）、「疲労」（図 2 - 18）、「ひきこもり」（図 2 - 21）のうち、「怒り感情」において、8 年生を除いた他の学年で、大規模校は中規模校よりも得点が高かった。

　精神的健康のプラス面である「生活の満足感」（図 2 - 19）、「目標・挑戦」（図 2 - 20）、「自信」（図 2 - 22）に共通して、4 ～ 6 年生の大規模校の児童は中規模校よりも、精神的健康の得点が高いという傾向が見られた。

Ｃ．コンピテンス

　図 2 - 23 ～ 26 には、コンピテンスの平均値を示しておいた。

　「学業」（図 2 - 23）、「対人関係」（図 2 - 24）、「運動」（図 2 - 25）、「自己価値」（図 2 - 26）のうち、「学業」「対人関係」「運動」では、大規模校の 4 年生が小規模校よりも得点が高かった。「自己価値」では、大規模校の 4 ～ 6・9 年生が中規模校よりも得点が高く、8 年生では逆に中規模校の方が大規模校よりも得点が高かった。

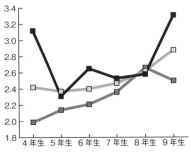

図2-17　怒り感情

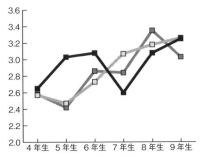

図2-18　疲労

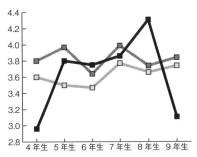

図2-19　生活の満足感

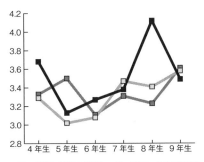

図2-20　目標・挑戦

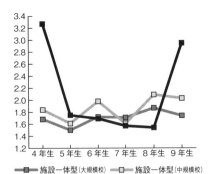

図2-21　ひきこもり

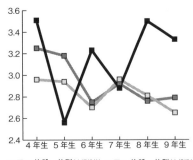

図2-22　自信

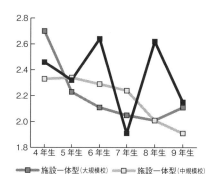

図2-23　学業

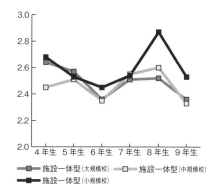

図2-24　友人関係

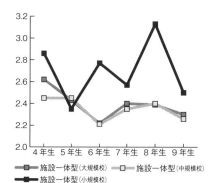

図2-25　運動

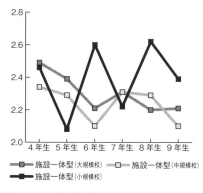

図2-26　自己価値

D．独立性・協調性

　図2-27～30には、独立性・協調性の平均値を示しておいた。「個の認識・主張」（図2-27）、「独断性」（図2-28）、「他者への親和・順応」（図2-29）、「評価懸念」（図2-30）のうち、「評価懸念」の得点は、学年によって多少の違いがあるものの、全体としては、小規模校・中規模校・大規模校の順番で高い傾向にあった。

　さらに、小規模校に関しては、次のようなことが明らかになった。7・8年生は、「他者への親和・順応」の得点が高かった。6～9年生は、「個の認識・主張」の得点が高かった。5・7～9年生は、「独断性」の得点

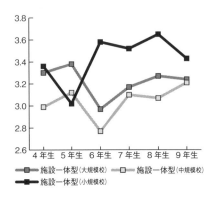

図2-27　個の認識・主張

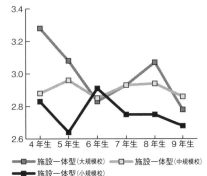

図2-28　独断性

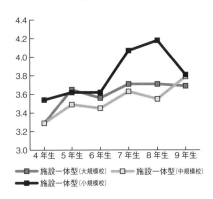

図2-29　他者への親和・順応

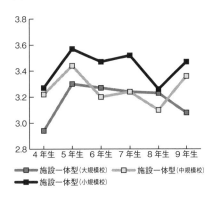

図2-30　評価懸念

が低かった。

　これらの結果から、小規模校に在籍する児童生徒は、他者からどのように見られるかを気にする一方で、自分を主張しつつ、他者との良好な関係性を作っていると考えられる。

　以上のことをまとめると、施設一体型小中一貫校の学校規模に関して、次のようなことが明らかになった。

　学校規模が、小規模から中規模、そして大規模へと拡大していくことによって、学校適応感が低下していくことが明らかになった。学校が楽しい、学校へ行きたいという気持ちの強さは、児童生徒が通っているそれぞれの

学校規模に依存するところがあるといえる。

　大規模校は、他者への怒りの感情が高い傾向にあるものの、4～6年生の児童における精神的健康度は高く、生活に満足し、自信をもって目標に挑戦しているといえる。それゆえ自己の有能さも感じている。

　小規模校は、自己と他者との関係についての意識に特徴があり、他者からの評価を懸念すると同時に、自己主張をして、他者との関係を上手に築いていく傾向にあった。

　これらのことから、施設一体型の学校規模は、児童生徒の自己意識や他者意識の形成に影響を及ぼす要因となっていると考えることができる。

4．おわりに

　本章では、小中一貫校のタイプ（施設一体型と施設分離型）および学校規模（施設一体型の小規模校・中規模校・大規模校）が、児童生徒の学校適応などに及ぼす影響について、横断的調査データにもとづいて検討した。

　施設一体型小中一貫校の小学生（4～6年生）は、施設分離型小中一貫校や非一貫校の小学性よりも、学校適応感やコンピテンスが低い傾向が見られた。このような結果を引き起こした一つの可能性として、施設一体型小中一貫校が学校統廃合後の新設時期から、まだ間もないという事実を指摘できる。特に、3校は本調査が実施された2013年度が開設初年度であった。児童生徒は、新しい学校環境にまだ十分に慣れていない状況にあったと推測できる。

　今回の調査結果から、小中一貫教育の内容的な是非を直接に問うことはできない。その一方で、施設一体型小中一貫校の新設が、子どもたち、とりわけ年齢の低い小学生の児童に与えるネガティブな影響が具体的に示された。発達心理学の視点から見て、このことの意義は大きいといえるだろう。子どもたちの意志を十分に反映しないまま、財政等の「大人の論理」で小中一貫校を作っていくことの問題点が浮かび上がったといえよう。

　本調査では、施設一体型小中一貫校において、学校規模によって学校適応などに差異が存在することを見出すことができた。小中一貫校の学校規

模そのものを直接的に操作して、異なる規模の学校を作ることは、財政的・制度的に難しいだろう。その一方で、より規模の小さい施設一体型小中一貫校の方が、子どもたちにとってプラスの作用を多く持つことを示したことは、学校教育の営みを考えていく上で、意義深いものだといえるだろう。

　本調査は、実証的なエビデンスにもとづいて、小中一貫校の実態を明らかにした。調査に協力してもらった学校にも調査結果のフィードバックをおこなったが、2014年度への協力の割合は、われわれが思っていたものには遠く届かなかった。継続した協力が低調に終わったのは、本調査の結果が、「小中一貫教育の成果を示すもの」とは、言えなかったからかもしれない。2013年度に小中一貫校になった学校は、2021年度には完成年度（9年間）を迎える。そのときに改めて調査をしてみることで、小中一貫教育の本来的な効果が分かるのではないだろうか。

文献

三島浩路（2006）「階層型学級適応感尺度の作成—小学校高学年用—」『カウンセリング研究』32(2), 81–90.

西田順一・橋本公雄・徳永幹雄（2003）「精神的健康パターン診断検査の作成とその妥当性の検討」『健康科学』25, 55–65.

櫻井茂男（1992）「小学校高学年における自己意識の検討」『実験社会心理学研究』32(1), 85–94.

高田利武（1999）「日本文化における相互独立性・相互協調性の発達過程—比較文化的・横断的資料による実証的検討—」『教育心理学研究』47, 480–489.

第3章 第2期（2015〜17年度）における調査結果

岡田有司

1．はじめに

　第2期の調査では学校生活への適応やそれに関係する要因に注目し、学校環境、学習動機、学校生活の諸領域への適応、学校への心理的適応、レジリエンス、学校生活への期待・不安について尋ねた。紙幅が限られていることから、本稿ではレジリエンスと学校生活の諸領域への適応の分析結果については割愛する。具体的な調査項目は次のとおりであった。

　①学校環境：学校環境に関する要因としてはまず、児童生徒が学校環境からどの程度の負荷を感じているのか（学校環境負荷）について測定した。質問項目は、「いまの学校では多くのことが求められている」「いまの学校は時間におわれていそがしい」などの6項目を作成した。また、友人・教師からのソーシャルサポートも測定した。石毛・無藤（2005）でソーシャルサポートを測定するために用いられた項目から5項目を用い、友人・教師それぞれについて「あなたに元気がないと、すぐに気づいてはげましてくれる」などの項目で尋ねた。回答はいずれも4件法で求めた。

　②学習動機：学習動機については安藤・布施・小平（2008）の動機づけ尺度の項目を用いた。本尺度は「低自律的外発的動機づけ（項目例：勉強をしなかったらおこられるから）」「高自律的外発的動機づけ（項目例：今している勉強は、しょうらい、役に立つと思うから）」「内発的動機づけ（項目例：勉強がおもしろいから）」の3つの因子から構成されており、それぞれについて4項目で尋ねた。回答は4件法で求めた。

　③学校への心理的適応：学校への心理的適応については、岡田（2012）

の学校への心理的適応尺度の項目を用いた。本尺度は「欲求充足（項目
例：学校では自分の気持ちをすなおにだせていると思う）」「要請対処（項
目例：学校生活の中でもとめられていることはできていると思う）」の２
つの因子から構成されるが、本調査データでは因子間の相関が 0.7 程度と
比較的高かったことから両因子をまとめて学校への心理的適応とした（内
的一貫性の値も十分であった）。計６項目、４件法で尋ねた。

　④学校生活への期待・不安：学校生活への期待と不安については、６年
生には中学校生活への、９年生には高校生活への期待と不安を尋ねた。質
問項目は都筑（2001）が中学校生活への期待や不安を尋ねた項目を参考に、
期待（項目例：中学校（高校）に入ったら、やってみたいと思って期待し
ていることがある）と不安（項目例：中学校（高校）でちゃんとやってい
けるか不安に思っている）、それぞれ２項目を作成し、５件法で尋ねた。

　以下では、これらの得点が施設一体型一貫校（以下、一貫校と表記す
る）と非一貫校の児童生徒でどのように異なるのかを、特徴的な箇所に注
目しながら見ていく。分析は調査年度ごとの分析と、経年変化の分析を
別々に行った。以下の記述の中で得点が高かった・低かったなどの記述は、
統計的検定の結果、有意な差があったことを意味する。なお、得点の範囲
は１〜４点であり、学校生活への期待・不安のみ１〜５点となっている。

２．調査年度ごとの分析結果（横断的検討）

　ここでは調査年度（2015・2016・2017 年）ごとに学校形態（一貫校・
非一貫校）と学年（４〜９年生）の２要因分散分析を実施し、必要に応じ
て多重比較を行った。サンプル数が多いことから１％水準以下で差のあっ
た箇所を中心に結果を記述している。以下の図では学校形態・学年別の得
点を示した。なお、調査協力校の増減があるため、年度によって回答者数
には違いがある。各調査年度の回答者数は表３−１のとおりである。

⑴ 学校環境

　学校環境負荷（図３−１）については、全体的に小学校段階（４〜６年

表3−1　各調査年における協力校数と回答者数（人）

	一貫校		非一貫校		合計
	4〜6年生	7〜9年生	4〜6年生	7〜9年生	
2015年	549 （6校）	614 （6校）	1561 （18校）	2370 （3校）	5094
2016年	497 （12校）	909 （12校）	2031 （23校）	2745 （6校）	6182
2017年	313 （7校）	423 （7校）	1377 （15校）	2224 （4校）	4337

括弧内は調査協力校の数

生）よりも中学校段階（7〜9年生）の得点が高い傾向にあり、非一貫校ではどの調査年でも7年生の得点が6年生よりも高くなっていた。一貫校は2016年の7年生は6年生よりも得点が高かったが、2015・2017年では両者に差はなかった。学校形態による差については、2015年の7・8年生は非一貫校の得点が高く、2015年の6・9年生、2016年の5年生、2017年の5・6年生では一貫校の得点が高くなっていた。友人からのソーシャルサポート（図3−2）は調査年によって学校形態による違いのある箇所は異なり、2016年の6年生では一貫校の得点が高く、2017年の5・9年生は非一貫校の得点が高くなっていた。教師からのソーシャルサポート（図3−3）は調査年や学校形態によってパターンに違いはあるが、全体的に小学校段階（4〜6年生）よりも中学校段階（7〜9年生）の得点が低い傾向にあった。学校形態による違いを見ると、2015年の6年生、2017年の6・7・9年生では非一貫校の得点が高く、2015年の5年生、2016年の6年生では一貫校の得点が高くなっていた。

(2) 学習動機

　低自律的外発的動機づけ（図3−4）については、非一貫校では2015・2016年の7年生は6年生よりも得点が高くなっていたが、一貫校ではいずれの調査年でも学年による差はなかった。学校形態による差については、2015年の7年生のみで非一貫校の得点が高かった。高自律的外発的動機づけ（図3−5）に関しては、非一貫校ではいずれの調査年でも4〜

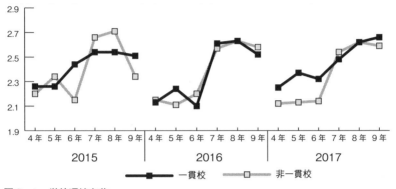

図3-1　学校環境負荷

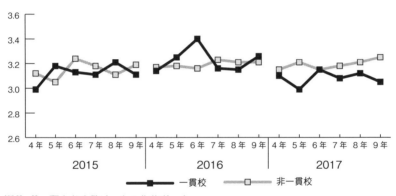

図3-2　友人からのソーシャルサポート

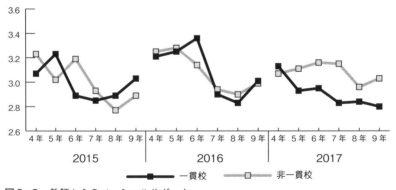

図3-3　教師からのソーシャルサポート

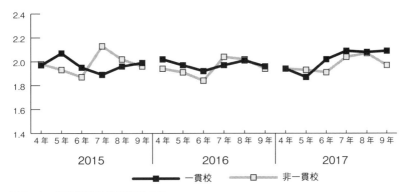

図３-４　低自律的外発的動機づけ

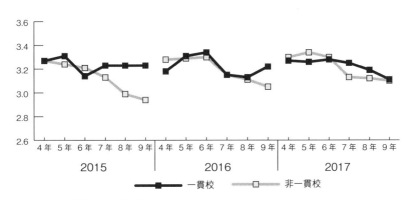

図３-５　高自律的外発的動機づけ

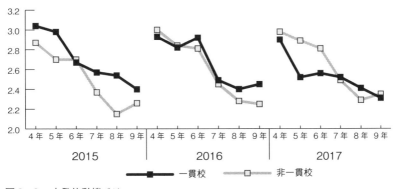

図３-６　内発的動機づけ

6年生よりも8・9年生（2016・2017年は7年生も）の得点が低かったが、一貫校では2016年の6年生と8年生の間のみ差があった。学校形態による違いは2015年の8・9年生、2016年の9年生で、一貫校の得点が高くなっていた。内発的動機づけでは、全体的に学年が上がるほど得点が低下していた。学年による違いを見ると、非一貫校ではいずれの調査年でも7年生の得点が6年生よりも低くなっていた。一貫校については2016年は7年生の得点が6年生よりも低くなっていたが、2015年・2017年はそうした違いはなかった。学校形態による違いについては、2015年の5・7・8年生、2016年の9年生は一貫校の得点が高くなっていたが、2017年の5・6年生は非一貫校の得点が高かった。

⑶ 学校への心理的適応

　学校への心理的適応（図3-7）については、一貫校では調査年によって得点のパターンが異なる傾向にあった。学校形態による違いを見ると、2015年の5年生と2016年の6年生では一貫校の得点が高かったが、2015年の6年生、2016年の7年生、2017年の4・5・9年生では非一貫校の得点が高くなっていた。

⑷ 中学校や高校への期待・不安

　学校生活への期待（図3-8）を見ると、6・9年生とも調査年によって得点が傾向に違いがあった。学校形態による違いを見ると、2015年と2017年の6年生では非一貫校の得点が高かった。また、2017年の9年生では一貫校の得点が高かった。学校生活の不安（図3-9）についてはまず、6年生では非一貫校の得点が高かった。また、2017年の9年生では一貫校の得点が高くなっていた。

⑸ 調査年度ごとの分析結果のまとめ

　まず、学校環境についてだが、学校環境負荷については非一貫校ではどの調査年も7年生の得点が6年生よりも高く、中学校への移行に伴い学校環境からの負荷が高まるといえる。一方、一貫校では2015・2017年は6

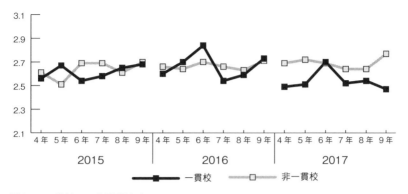

図3-7　学校への心理的適応

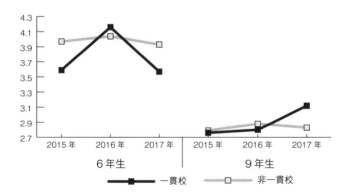

図3-8　学校生活への期待

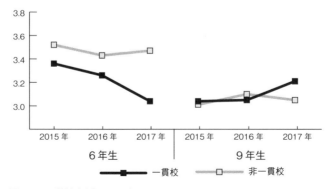

図3-9　学校生活への不安

年生と 7 年生の間に得点の差はなく、両調査年の一貫校の 6 年生は非一貫校に比べ得点が高くなっていた。以上を踏まえると、一貫校では 7 年生になって急に学校環境からの負荷が高まるのではなく、6 年生の段階で既に負荷が高まっている可能性がある。ソーシャルサポートについては、調査年によって得点のパターンは異なり、小学校段階では一貫校の方が得点が高い箇所や、非一貫校の方が得点の高い箇所が混在していた。中学校段階になると全体的には一貫校と非一貫校には差がない箇所が多く、一部で一貫校の得点が低くなっていた。これらの結果から、一貫校の方がソーシャルサポートを得やすいわけではないといえる。

　学習動機については、非一貫校は一部を除き 6 年生と 7 年生の間で得点に差があり、中学生になると低自律的外発的動機づけが高まり、高自律的外発的動機づけや内発的動機づけが下がることが示された。この背景には、中学校になり学習内容が高度化することなどで学業の意義や楽しさを見出しにくくなっていることがあると考えられる。一貫校については、内発的動機づけは学年が上がるほど低くなる傾向にあったが、非一貫校のように 6 年生と 7 年生の間で得点に差のある箇所は少なかった。その意味では、非一貫校に比べ学業面でのギャップは小さいといえ、ここには一貫校のカリキュラムや教育体制が関係している可能性がある。ただし、中学校段階の得点を見ると、一貫校の方が高自律的外発的動機づけや内発的動機づけが高い箇所もあるが、全体的には非一貫校と差がない箇所の方が多く、一貫してポジティブな状態にあるわけではない。

　学校への心理的適応については、調査年によって得点のパターンは異なっており、小学校段階では一貫校の方が得点が高い箇所や、非一貫校の方が得点の高い箇所が混在していた。中学校段階では、一貫校と非一貫校で差がないか、一貫校の方が得点が低い箇所が見られ、一貫校の方が適応状態がよいという結果は得られなかった。

　学校生活への期待と不安については、6 年生では非一貫校の児童の方が不安が高く、期待についても 2016 年を除き高くなっていた。そのため、非一貫校の児童の方が中学校生活に期待も不安も抱きやすいといえる。9 年生については、2017 年のみであったが、一貫校の生徒が非一貫校より

も高校生活に期待・不安ともに抱いているという結果が得られた。一貫校では小学校から中学校へという学校環境移行を経験しないため、このことが高校生活への期待や不安につながった可能性がある。

3．経年変化についての分析結果（縦断的検討）

　ここでは、一貫校・非一貫校の児童生徒の経年変化を検討するため、小学校段階、中学校段階それぞれについて、学校形態（一貫校・非一貫校）と調査年度（2015・2016・2017年）の2要因分散分析を実施し、必要に応じて多重比較を行った。調査年度ごとの分析と異なりサンプル数が大きくないため、5％水準で有意であったものも含め結果を記述している。なお、非一貫校では6年生から7年生へという学校段階をまたぐ十分な縦断データを得ることができなかったため、学校段階別の分析結果を示している。分析に用いたデータは表3-2のとおりである。以下の図では学校形態・調査年度別の得点を示している。

⑴ 学校環境
　学校環境負荷（図3-10）に関しては、小学校段階では一貫校の方が得点は高く、学年による得点の変化は見られなかった。中学校段階では、一貫校の得点が7年生から8年生にかけて低下していた。友人からのソーシャルサポート（図3-11）を見ると、小学校段階では4年生において

表3-2　小学校段階と中学校段階の分析における協力校数と回答者数（人）

	一貫校	非一貫校	合計
小学校段階（4年生から6年生までの3年間の調査に回答した児童）	43 （3校）	137 （9校）	180
中学校段階（7年生から9年生までの3年間の調査に回答した生徒）	41 （3校）	261 （2校）	302

括弧内は調査協力校の数

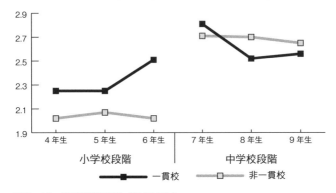

図3‑10　学校環境負荷（経年変化）

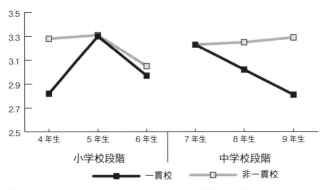

図3‑11　友人からのソーシャルサポート（経年変化）

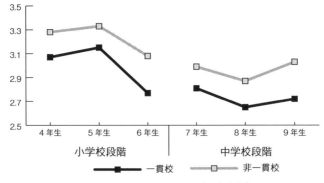

図3‑12　教師からのソーシャルサポート（経年変化）

非一貫校の得点が高くなっていた。また、一貫校は4年生から5年生にかけて得点が上昇し、非一貫校では5年生から6年生にかけて得点が低下していた。中学校段階では、8・9年生において非一貫校の方が得点が高かった。また、非一貫校は得点に変化がなかったが、一貫校は7年生から9年生にかけて得点が低下していた。教師からのソーシャルサポート（図3-12）については、小学校段階では非一貫校の方が得点は高く、また、5年生から6年生にかけて得点が低下していた。中学校段階でも非一貫校の方が得点は高くなっていたが、学年による得点の変化は見られなかった。

(2) 学習動機

　低自律的外発的動機づけ（図3-13）については、小学校段階では6年生において一貫校の方が得点が高かった。また、一貫校は5年生から6年生にかけて得点が上昇していた。中学校段階では、非一貫校の方が得点は高くみえるが統計的には有意な差はなく、得点の変化も認められなかった。高自律的外発的動機づけ（図3-14）に関しては、小学校段階では非一貫校の得点が一貫校よりも高く、学年による得点の変化は見られなかった。中学校段階では7年生において一貫校が非一貫校よりも得点が高かった。また、非一貫校の得点は変化がなかったが、一貫校では7年生から9年生にかけて得点が低下していた。内発的動機づけ（図3-15）については、小学校段階では非一貫校の方が得点は高く、また、4年生から5年生にかけて得点が低下していた。中学校段階では一貫校と非一貫校の得点に差はなく、7年生から8年生にかけて得点が低下していた。

(3) 学校への心理的適応

　学校への心理的適応（図3-16）については、小学校段階では非一貫校の方が得点は高く、学年による得点の変化は見られなかった。中学校段階でも非一貫校の方が得点が高く、また、1年生から2年生にかけて得点が低下していた。

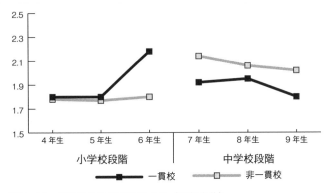

図3-13　低自律的外発的動機づけ（経年変化）

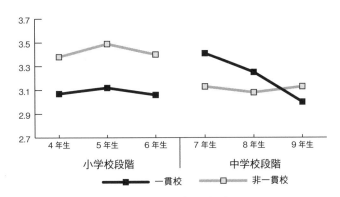

図3-14　高自律的外発的動機づけ（経年変化）

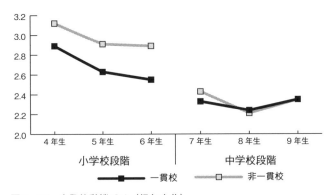

図3-15　内発的動機づけ（経年変化）

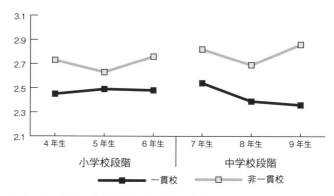

図3-16　学校への心理的適応（経年変化）

⑷ 経年変化についての分析結果のまとめ

　学校環境に関して、小学校段階では一貫校は非一貫校に比べ学校環境負荷が高いまま、また、教師からのソーシャルサポートが低いまま得点が推移していた。友人からのソーシャルサポートについては一貫校は5年生にかけて得点が上昇しており、その後は非一貫校と差はなかった。これらのことから、一貫校の小学校段階の児童は学校環境からの負荷が高い中、教師からのサポートが相対的に少ない状況で学校生活を過ごしているといえる。中学校段階については、一貫校の生徒は7年生から8年生にかけて学校環境負荷が低下したが、得点の水準は非一貫校と差はなかった。教師からのソーシャルサポートは小学校段階と同様、中学校段階でも一貫校が低いまま推移しており、友人からのソーシャルサポートは7年生の段階では非一貫校と差はなかったが、一貫校ではその後得点が低下していた。従って、中学校段階では学校環境負荷には差はないが、一貫校の生徒は教師からのサポートが相対的に少なく、友人からのサポートも少なくなっていくといえる。

　学習動機について、小学校段階では内発的動機づけと高自律的外発的動機づけはいずれも非一貫校の児童の得点が一貫校よりも高いまま推移していた。低自律的外発的動機づけについては、5年生までは差がないが、6年生にかけて一貫校の児童の得点が高くなっていた。これらのことから、

一貫校の児童では学業に楽しさや意義を見出しづらく、6年生になるとやらされている感覚が高まっていくといえよう。中学校段階を見ると、低自律的外発的動機づけや内発的動機づけには差はなかった。高自律的外発的動機づけは7年生の段階では一貫校の方が得点が高かったが、その後低下し、非一貫校と差はなくなっていた。そのため、当初は一貫校の生徒の方が学業の意義を感じているが、学年が上がると非一貫校の生徒と違いは見られなくなるといえる。

　学校への心理的適応については、小学校段階・中学校段階とも一貫校と非一貫校で得点の推移の仕方に違いはなく、いずれも非一貫校の方が得点が高くなっていた。そのため、小学校段階・中学校段階とも非一貫校の児童生徒の方が学校への心理的適応は良い状態にあるといえる。

4．第2期の調査から明らかになったこと

　本章では第2期の調査について、調査年度ごとの分析と経年変化の分析を行った。調査年度ごとの分析から、非一貫校では6年生から7年生にかけて学校環境からの負荷が高まったり、学習動機がネガティブに変化することが示された。一方、一貫校ではこうした傾向は明確ではなく、その意味で中学校段階に移行する際のギャップは少ないともいえる。しかし、このことは必ずしも一貫校の児童生徒の方が良好な学校生活を過ごしていることを意味しない。中学校段階では、学習動機では一部において一貫校の方がポジティブな箇所もあったが、多くは非一貫校と差がなかった。また、ソーシャルサポートと学校への心理的適応についても、多くの点で両者に差はなく、一部ではむしろ一貫校の方がネガティブな状態にあった。このことを踏まえると、非一貫校の児童生徒は中学校への移行によって一時的にギャップを経験する場面もあるが、そのことはその後の学校生活を損なうものではないと考えられる。また、一連の分析結果を見る限り、一貫校の児童生徒の方が非一貫校に比べポジティブな学校生活を過ごしているとはいえないであろう。

　経年変化の分析からは、一部で一貫校と非一貫校の得点の推移の仕方に

違いが見られたが、全体的には一貫校が相対的にネガティブな状態のまま推移している箇所が多く、一貫校の児童生徒の学校生活に課題のあることが示された。結果を見ると、ネガティブな状態にある一貫校が非一貫校との差を縮めることは容易ではないと考えられる。ただし、調査年度ごとの分析の時よりも一貫校の結果がネガティブであったのには、協力校やデータ数が限られており、ある学年や学校に固有の要因が反映されやすくなったことも関係している可能性がある。

　以上、第2期の調査から得られた知見について示してきたが、本調査には協力校が調査年によって異なっていたり、経年変化の分析では協力校が限られているといった課題もあり、得られた知見をそのまま一般化することには慎重である必要がある。しかし、少なくとも本調査の分析からは、一貫校の方がポジティブな状態にあるという結果は得られず、場合によっては一貫校の方が問題を抱えている可能性のあることが示唆された。

文献

安藤史高・布施光代・小平英志（2008）「授業に対する動機づけが児童の積極的授業参加行動に及ぼす影響——自己決定理論に基づいて」『教育心理学研究』56(2), 160‒170.

石毛みどり・無藤隆（2005）「中学生における精神的健康とレジリエンスおよびソーシャル・サポートとの関連——受験期の学業場面に着目して」『教育心理学研究』53(3), 356‒367.

岡田有司（2012）「中学校への適応に対する生徒関係的側面・教育指導的側面からのアプローチ」『教育心理学研究』60(2), 153‒166.

都筑学（2001）「小学校から中学校への進学にともなう子どもの意識変化に関する短期縦断的研究」『心理科学』22(2), 41‒54.

第4章　第3期（2018 ～ 19年度）における
　　　　調査結果

金子泰之

1．はじめに

　第4章では、児童・生徒が学校生活において主体性を発揮する姿に焦点を当て、小中一貫校と非一貫校の違いを明らかにすることを目的とする。児童・生徒が学校で主体的に生活する姿に注目する理由を以下に述べる。

　第2期調査で対人関係について調査したことを例に、第3期調査の目的を説明する。第2期調査では、対人関係を調査するための指標としてソーシャルサポートを用いた。ソーシャルサポートは、他者からのサポートを受ける側として児童・生徒を想定しており、困ったことがあると先生は助けてくれるといった対人関係における受動的側面を見ていた。

　それに対し第3期調査では、他者を援助する主体としての児童・生徒の姿を明らかにするために、援助行動という指標を用いた。援助行動は、友だちに対して、児童・生徒自身が何らかの援助をするという項目から構成されている。

　このように第3期調査では、児童・生徒の学校生活における主体性を発揮している姿、学校に関与している児童・生徒の姿を捉えるため、集団への所属意識（共同体感覚）、他者への援助（援助行動）、他者との関わり方（リーダーシップ）、学習（学習への取り組み）、学校生活への積極的な関与（向学校的行動）、以上5つの指標を取り上げた。そして、小中一貫校と非一貫校を比較し、児童・生徒の学校における主体的な姿に、どのような違いが見られるのかを明らかにすることを目的とする。

２．調査の方法

⑴ 調査の計画

　第 3 期調査は、2018 年度、2019 年度、2020 年度の 3 年間にわたる縦断調査として計画された。執筆時点で調査実施済みの 2018 年度と 2019 年度のデータを分析対象とした。

⑵ 調査の内容

　学校生活において、児童・生徒が主体性を発揮する姿をとらえるために、以下の項目を用いた。

共同体感覚

　髙坂（2014）の小学生版共同体感覚を用いた。所属感・信頼感、自己受容、貢献感の 3 下位尺度から構成されている。

　「所属感・信頼感」は、自分は今いるグループや集団の一員だと感じている、今自分がいるグループや集団に自分から加わっている、自分が今いるグループや集団の人たちを信頼することができている、頼りにできている人がいる、などの項目から構成されている。

　「自己受容」は、今の自分を大切にしている、今の自分に満足している、自分で自分自身を認めることができている、自分には何か自慢できるものがある、などの項目から構成されている。

　「貢献感」は、困っている人に積極的に手助けをすることができている、他人のために自分から進んで協力することができている、人のためになることを積極的にすることができている、誰に対しても思いやりを持って接することができている等の項目から構成されている。

　あなた自身についておたずねしますという教示を用い、まったくあてはまらない（1 点）からややあてはまる（4 点）の 4 件法で回答を求めた。

援助行動

　片受・大貫（2014）の大学生用ソーシャルサポート尺度を参考に、独自に項目を設定した。これは、評価的サポート、情報・道具的サポート、情緒・所属的サポートの３下位尺度から構成されている。

　「評価的サポート」は、友だちが自分にしてくれたことに「ありがとう」という、友だちの頑張りを認める、友だちの良いところをほめる、などの項目から構成されている。

　「情報・道具的サポート」は、友だちが困っていたらアドバイスをする、友だちがどうしたらよいか分からないことを教えてあげる、友だちが知らなかったことを教えてあげる等の項目から構成されている。

　「情緒・所属的サポート」は、一緒に遊ぼうと友だちをさそう、友だちの話を聞く、友だちの気持ちを落ち着かせたりはげましたりする等の項目から構成されていた。

　あなたは友だちに対して以下の行動をどのくらいしますか？　という教示を用い、ほとんどしない（１点）からよくする（４点）の４件法で回答を求めた。

リーダーシップ

　上村・鹿嶋（2017）の小学校高学年におけるリーダーシップ行動の資質要因に関する尺度を参考に、独自に項目を設定した。これは、主体性、仲を取り持つ、主張性の３下位尺度から構成されている。

　「主体性」は、大変なことでも自分から進んで取り組む、困っている人がいたら積極的に手伝う、みんなで話し合う時に積極的に発言をする、などの項目から構成されていた。

　「仲を取り持つ」は、みんなの意見があわないときにうまくまとめようとする、何かを決めるときはできるだけみんなの意見を聞く、みんなにやる気がみられないときにはげまそうとする等の項目から構成されていた。

　「主張性」は、人に指示を出すことができる、何をしたらよいかわからない人がいたら、教えてあげることができる、周りの人にやってほしいことを頼むことができる等の項目から構成されていた。

あなた自身についておたずねしますという教示を用い、まったくあてはまらない（1点）からよくあてはまる（4点）の4件法で回答を求めた。

学習への取り組み

岡田（2008）の学校生活の下位領域に対する意識に関する尺度のうち、下位尺度である学業への意識の項目を用いた。

「学習への取り組み」は、学校の勉強には自分から自主的に取り組んでいる、勉強してよい成績をとろうと努力している、学習内容をより理解するための自分なりの勉強の仕方がある、授業の内容は理解できている等の項目から構成されていた。

あなた自身についておたずねしますという教示を用い、まったくあてはまらない（1点）からとてもあてはまる（4点）までの4件法で回答を求めた。

向学校的行動

金子（2021）の向学校的行動を用いた。学校生活への主体的関与行動、計画的学校生活行動、学校行事への参加行動、3下位尺度から構成されている。

「学校生活への主体的関与行動」は、授業中に発言する、分からない問題を頑張って解いてみる、苦手なことにも挑戦する等の項目から構成されていた。

「計画的学校生活行動」は、提出物の期限を守る、前の日に学校に持って行く持ち物を準備する、毎日、連絡帳やノートに必要なことを記入する等の項目から構成されていた。

「学校行事への参加行動」は、みんなで協力して行事に参加する、一生懸命行事に参加する、クラスの子と協力して行事に取り組む等の項目から構成されていた。

あなたの学校での生活についておたずねしますという教示を用い、ほとんどない（1点）からよくする（4点）の4件法で回答を求めた。

(3) 調査対象校と人数

　2018 年度の施設一体型一貫校は 9 校、非一貫小学校 17 校、非一貫中学校 7 校であった。2019 年度の施設一体型一貫校は 7 校、非一貫小学校 10校、非一貫中学校 6 校であった。具体的な内訳を表 4−1 に示した。

表4−1　2018 年度と 2019 年度の調査協力者の内訳

	一貫校						
	4 年	5 年	6 年	7 年	8 年	9 年	合計
2018 年度	248	267	184	215	188	206	1308
2019 年度	205	211	228	213	270	192	1319

	非一貫校						
	4 年	5 年	6 年	7 年	8 年	9 年	合計
2018 年度	422	518	531	765	825	778	3839
2019 年度	257	266	315	558	450	493	2339

3．調査の結果と考察──学校生活における児童・生徒の主体的な姿にどのような違いがあるのか

(1) 共同体感覚

　共同体感覚の下位尺度、「所属感・信頼感」、「自己受容」、「貢献感」の学年ごとの平均値を図 4−1、図 4−2、図 4−3 に示した。

　「所属感・信頼感」の結果をみると、2018 年度では、5 年生と 9 年生において非一貫校の得点が高かった。2019 年度では、6 年生と 7 年生において非一貫校の得点が高かった。2018 年度、2019 年度ともに、非一貫校において、8 年生よりも 9 年生の得点が高かった。

　「自己受容」の結果をみると、2018 年度では、4 年生において非一貫校より一貫校の得点が高かった。一方、5 年生においては一貫校より非一貫校の得点が高かった。一貫校では、4 年生の得点が他の学年の得点よりも高かった。非一貫校では、4・5 年生の得点が他の学年の得点よりも高

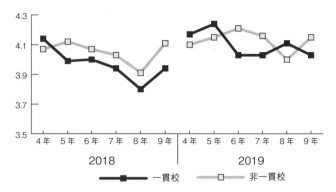

図4-1　所属感・信頼感

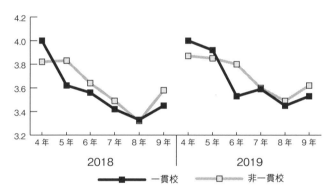

図4-2　自己受容

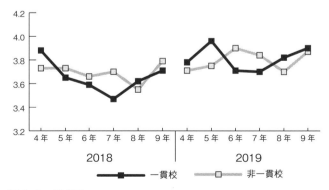

図4-3　貢献感

かった。非一貫校において、8年生よりも9年生の得点が高かった。

2019年度では、6年生において一貫校より非一貫校の得点が高かった。一貫校では、4・5年生の得点が他の学年よりも高かった。非一貫校では、4・5年生の得点が他の学年よりも高く、6年生の得点は7・8年生の得点よりも高かった。2018年度、2019年度ともに、小学校段階の得点が高く、学年が上がるにつれて得点が低下する傾向が見られた。

「貢献感」の結果をみると、2018年度では、4年生において非一貫校より一貫校の得点が高かった。一方、7年生においては一貫校より非一貫校の得点が高かった。一貫校では、4年の得点が、5・6・7・9年生よりも高かった。また7年よりも、9年生の得点が高かった。非一貫校では、8年生よりも、4・5・6・9年生の得点が高かった。

2019年度では、5年と8年において非一貫校より一貫校の得点が高かった。一方、6・7年生においては、一貫校より非一貫校の得点が高かった。一貫校では、6・7年生よりも5年生の得点が高かった。非一貫校では、8年生よりも6・7年生の得点が高かった。

共同体感覚全体の傾向としては、一貫校、非一貫校ともに4年生の得点が高く、学年が上がるにつれて得点は低下し、中学校段階では一貫校と非一貫校の差は小さくなっていた。一貫校と非一貫校を比べると、非一貫校は8年生を底とし、9年生で得点が上昇する傾向が見られた。

⑵ 援助行動

援助行動の下位尺度「評価的サポート」、「情報・道具的サポート」、「情緒・所属的サポート」の学年ごとの平均値を図4-4、図4-5、図4-6に示した。

「評価的サポート」の結果をみると、2018年度では、4年生において、非一貫校よりも一貫校の得点が高かった。一方、5・9年生においては一貫校よりも非一貫校の得点が高かった。

2019年度では、5年生において、非一貫校よりも一貫校の得点が高かった。一方、7・9年生においては一貫校よりも非一貫校の得点が高かった。また、非一貫校において8年生よりも9年生の得点が高かった。

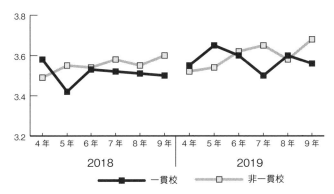

図4-4　評価的サポート

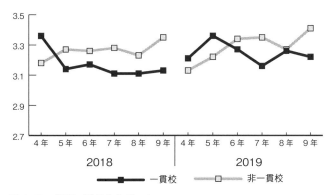

図4-5　情報・道具的サポート

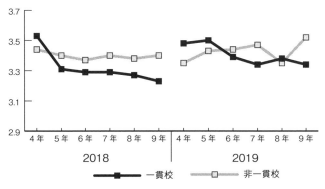

図4-6　情緒・所属的サポート

　「情報・道具的サポート」の結果をみると、2018年度では、4年生において非一貫校よりも一貫校の得点が高かった。一方、5・7・8・9年生においては一貫校よりも非一貫校の得点が高かった。

　2019年度では、5年生において、非一貫校よりも一貫校の得点が高かった。一方、7・9年生においては、一貫校よりも非一貫校の得点が高かった。また、非一貫校において8年生よりも9年生の得点が高かった。

　「情緒・所属的サポート」の結果をみると、2018年度では、7〜9年生において、一貫校よりも非一貫校の得点が高かった。

　2019年度では、7・9年生において、一貫校よりも非一貫校の得点が高かった。また、非一貫校において8年生よりも9年生の得点が高かった。

　援助行動全体の傾向としては、4・5年の小学校段階においては一貫校の方が援助行動の得点が高いが、7・9年生の中学校段階においては、非一貫校の方が援助行動の得点が高かった。また、非一貫校では8年生よりも9年生が高く、中学校段階における最上級生の得点の高さが示された。

(3) リーダーシップ

　リーダーシップの下位尺度「主体性」、「仲を取り持つ」、「主張性」の学年ごとの平均値を図4-7、図4-8、図4-9に示した。

　「主体性」の結果をみると、2018年度では、4・8年生において、非一貫校よりも一貫校の得点が高かった。一方、6・7年生においては、一貫校よりも非一貫校の得点が高かった。

　2019年度では、5年生において、非一貫校よりも一貫校の得点が高かった。一方、7年生においては、一貫校よりも非一貫校の得点が高かった。

　「仲を取り持つ」の結果をみると、2018年度では、4年生において非一貫校よりも一貫校の得点が高かった。一方、7年生においては、一貫校よりも非一貫校の得点が高かった。

　2019年度では、5年生において非一貫校よりも一貫校の得点が高かった。一方、6年生においては、一貫校よりも非一貫校の得点が高かった。

　「主張性」の結果をみると、2018年度では、5〜7年生において一貫校よりも非一貫校の得点が高かった。

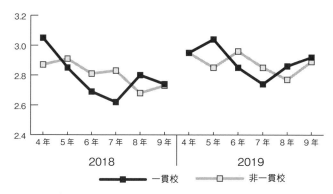

図 4 - 7　主体性

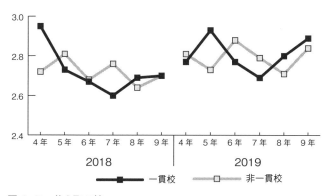

図 4 - 8　仲を取り持つ

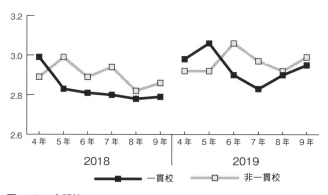

図 4 - 9　主張性

　2019年度では、5年生において非一貫校よりも一貫校の得点が高かった。一方、6・7年生においては、一貫校よりも非一貫校の得点が高かった。

　リーダーシップ全体の傾向としては、4・5年生の小学校段階においては一貫校の方が、リーダーシップが高い。一方、6・7年生では非一貫校の方が、リーダーシップが高かった。そして、8・9年生の中学校段階においては、一貫校と非一貫校の差は小さくなっていた。

⑷ 学習への取り組み

　学習への取り組みについて、学年ごとの平均値を以下に図4-10に示した。

　2018年度では、4年生において非一貫校よりも一貫校の得点が高かった。一方、5〜7年生においては、一貫校よりも非一貫校の得点が高かった。

　2019年度では、5年生において非一貫校よりも一貫校の得点が高かった。一方、6〜8年生においては、一貫校よりも非一貫校の得点が高かった。

　学習への取り組みの全体の傾向としては、4年生においては一貫校の方が学習への取り組みが高かった。一方、5〜8年の小学校高学年から中学生においては非一貫校の学習への取り組みが高かった。

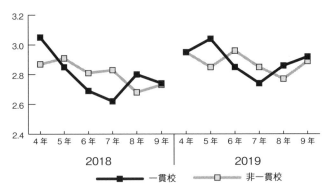

図4-10　学習への取り組み

⑸ 向学校的行動

　向学校的行動の下位尺度「学校生活への主体的関与行動」、「計画的学校生活行動」、「学校行事への参加行動」の学年ごとの平均値を図4-11、図4-12、図4-13に示した。

　「学校生活への主体的関与行動」の結果をみると、2018年度では、4・8年生において、非一貫校よりも一貫校の得点が高かった。一方、6〜8年生においては、一貫校よりも非一貫校の得点が高かった。

　2019年度では、5・8・9年生において、非一貫校よりも一貫校の得点が高かった。一方、6年生においては、一貫校よりも非一貫校の得点が高かった。

　「計画的学校生活行動」の結果をみると、2018年度では、9年生において、非一貫校よりも一貫校の得点が多かった。

　2019年度では、5・8・9年生において、非一貫校よりも一貫校の得点が高かった。一方、6年生においては、一貫校よりも非一貫校の得点が高かった。

　「学校行事への参加行動」の結果をみると、2018年度では、全体として一貫校よりも非一貫校の得点が高かった。学年では、一貫校と非一貫校を含め、5〜8年生よりも9年生の得点が高かった。

　2019年度では、5・8年生において、非一貫校よりも一貫校の得点が高かった。一方、6・7年生においては、一貫校よりも非一貫校の得点が高かった。

　向学校的行動の全体としては、4・5・8・9年生では一貫校の得点が高かった。一方、6年生において非一貫校の得点が高かった。向学校的行動は、全体として小学校から中学校へと学年が上がるにつれて得点が下がる傾向にあるが、8・9年生において非一貫校よりも一貫校の場合は得点の下がり方が小さい傾向が見られた。

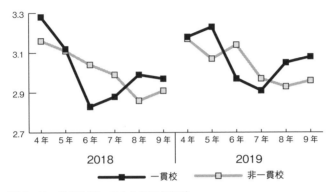

図4‑11　学校生活への主体的関与行動

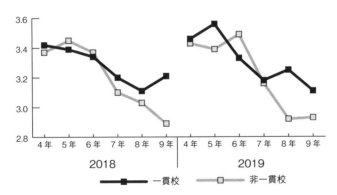

図4‑12　計画的学校生活行動

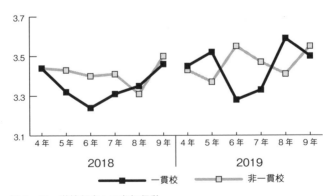

図4‑13　学校行事への参加行動

4．一貫校と非一貫校の比較から、学校生活における
　　児童・生徒の主体的な姿にどんな違いがあったのか

　学校生活において、児童・生徒が主体性を発揮している姿を捉えるために、共同体感覚、援助行動、リーダーシップ、学習への取り組み、向学校の5つの指標を用いて分析を行った。そして、一貫校と非一貫校を比較することで、学校で児童・生徒が主体的に生活する姿にどのような違いが見られるのかを検討してきた。

　この分析のねらいは、小学生と中学生が同じ施設で生活する一貫校の場合、最上級生は9年生となるため、小学生が高学年のときに学校をひっぱっていく経験が乏しくなることにより、リーダーシップなどに影響が見られるのではないか、という仮説があったからである。例えば一貫校の場合、学校行事を小学校と中学校の合同で行うなどの異年齢交流が行われる。非一貫校の小学校の場合には、6年生が最上級生として学校行事をひっぱっていく。一方、小学校6年間と中学校3年間の9年間のカリキュラムの場合、異年齢交流の場中での最上級生は9年生である。一貫校の場合は、子ども達は9年生で初めて最上級生としての経験をすることになる。

　一貫校の特徴としては、4年生、5年生の小学校段階では、共同体感覚、援助行動、リーダーシップ、学習への取り組み、向学校的行動の高さが見られた。一貫校の場合、4年生、5年生頃の中学年から高学年の間において、主体的に学校で生活している姿を確認することができた。

　一方、6年生、7年生、8年生、9年生になったときには、非一貫校の児童・生徒において、援助行動、リーダーシップ、学習への取り組み、向学校的行動の高さが見られた。非一貫校の場合、6～9年頃の小学校高学年から中学段階にかけて主体的に学校で生活する姿を確認することができた。特に、6年生における得点の高さが散見された。

　一貫教育の特色として、一部の教科において小学校と中学校の間で教員の乗り入れ授業、小学校段階、中学校段階を超えた指導内容の入れ替え、「スタンダード」といった生活指導の方針を小中学校で揃えるような取り組みが行われている。このような小学校と中学校との間で行われる交流が、

一貫校と非一貫校の違いを生み出していると考えられる。

　小学校と中学校との間での授業を乗り入れたり、小学校と中学校で生活指導の方針を揃えたりする際には、小学校高学年頃から中学校のやり方や方針に揃えるような移行をしている。例えば、小学校高学年から教科担任制が導入されるケースは、小学校高学年に中学校文化が前倒しされている代表と言って良いだろう。教科指導や学校行事、生徒指導において、中学校が小学校に前倒しされ、小学校教育の中学校化が生じていると考えられるのが一貫校である。

　一貫校において、小学校高学年から中学校化が少しずつ始まることにより、非一貫校の小学校と中学校の移行に見られるような、環境の変化の大きさによるギャップを児童・生徒は感じにくくなっているのかもしれない。

　しかし、小学校での最上級生として、主体的に積極的に学校生活を過ごすことができなくなっている可能性があり、それが一貫校の課題として挙げられる。非一貫校の場合、最上級生としての立場を経験できるのは、小学校6年生と中学3年生の2回ある。一方、一貫校の場合は、9年生の1回である。最上級生として学校の主役となり、学校をひっぱる経験の数だけで見ても、一貫校の方がその機会は少ない。児童期に最上級生の経験を積む発達的意義について、今後検討する必要があるだろう。

　一貫校のポジティブな側面として、学校生活を捉えるための指標が、4年生において高いことが挙げられた。これは、カリキュラムが4・3・2制となっていることが1つの理由として考えられる。4・3・2制度では、1年生から4年生までを1つの区切りとして考える。小学校4年生を小学校段階における最初の目標として、教科指導や学校行事を組み立てていった結果、4年生のときの一貫校の児童の方が、学校生活における主体性を発揮できていたのかもしれない。

　最上級生として学校生活に主体的に関わる経験が少ない一貫校という学校環境や、4・3・2制といった学年区切りが、児童期から思春期への発達にどのような影響を与えるのかは、今回の結果だけで論じるのではなく、長期的に子どもの学校生活を捉える調査によって、さらに知見を積み重ね、慎重に議論していく必要があるだろう。

引用文献

上村啓太・鹿嶋真弓（2017）「小学校高学年におけるリーダーシップ行動の資質要因の検討」『高知大学教育実践研究』31, 39‒45.

金子泰之（2021）「小学生から中学生への移行をとらえる学校適応尺度と生徒指導尺度の作成――学校内問題行動尺度、向学校的行動尺度、教師の関わり尺度についての横断的・縦断的検討」『静岡大学教育研究』17, 69‒77.

片受靖・大貫尚子（2014）「大学生用ソーシャルサポート尺度の作成と信頼性・妥当性の検討――評価的サポートを含む多因子構造の観点から」『立正大学心理学研究年報』5, 37‒46.

髙坂康雅（2014）「小学生版共同体感覚尺度の作成」『心理学研究』84(6), 596‒604.

岡田有司（2008）「学校生活の下位領域に対する意識と中学校への心理的適応――順応することと享受することの違い」『パーソナリティ研究』16(3), 388‒395.

第5章　X市における一貫校と非一貫校との比較

髙坂康雅

1．はじめに

　これまでの調査では、一貫校も非一貫校も全国各地の学校を対象として調査を行ってきた。そこで問題となるのは、地域性である。東京や大阪のような大都市圏と地方都市、さらには小・中学生がほとんどいない地域（過疎地域）では、1クラスの児童・生徒数や学年・学校全体の児童・生徒数に大きな違いが生じる。大都市圏では、複数の小学校からひとつの中学校に生徒が集まることも少なくないが、過疎地域では、小学校・中学校で児童生徒の入れ替わりがほとんどないことも珍しくない。他の地域からの流入や他の地域への流出、その地域独自の風土・風習など、学校教育に与える影響は数多く考えられる。しかし、これまでの全国調査ではそのような影響を統制することができないまま、比較検討を行ってきている。

　この章では、X市で行われた調査結果について紹介する。X市では、1〜4つの小学校と1つの中学校を「学園」という単位でまとめ、小中連携教育を推進している。そのうちのひとつが義務教育学校として、施設一体型小中一貫教育を実施している。もちろん、同じ市内であっても、地域性に違いがあるといえるが、全国調査に比べればその地域間の差は小さく、小中一貫校と非一貫校における教育や教育環境に違いを把握することができると考えられる。

　ここでは、4つの学園（A〜D学園）と1つの義務教育学校（E学園）について、学園×学年の2要因分散分析の結果を中心に紹介する。

2．調査の方法

(1) 調査の計画

　X市での調査は、2015年度から開始された第2期の2年目（2016年）に、X市の教育長（当時）から依頼を受けて行ったものである。

　X市は小中一貫教育を行うため、市内の小・中学校を学園としてまとめ、義務教育学校としてE学園を設立した。その後、義務教育学校を他の学園にも広げようとするなかで、小中一貫教育の成果と課題を明らかにする必要があり、教育長のもと、関係者によるヒアリング、児童・生徒を対象としたアンケート調査、保護者を対象としたアンケート調査、教師を対象としたアンケート調査が行われることになり、われわれに児童・生徒を対象としたアンケートの調査依頼があり、実施することとなった。

(2) 調査の内容

　調査内容は、X市の意向も考慮し、第1期の調査と第2期の調査で用いた質問項目を組み合わせて用いた。具体的な質問項目は、以下に示すとおりである。

レジリエンス

　石毛・無藤（2006）のレジリエンス尺度を使用した。レジリエンス尺度は「意欲的活動性」（10項目）、「内面共有性」（6項目）、「楽観性」（3項目）で構成されている。本調査では、項目数を抑えるため、「意欲的活動性」と「内面共有性」は石毛・無藤（2006）の因子分析で負荷量の高かった項目から順に4項目を使用し、「楽観性」はそのまま3項目を使用した。

コンピテンス

　櫻井（1992）の児童用コンピテンス尺度の4下位尺度（「勉強」「友人関係」「運動」「自己価値」）各2項目を使用した（使用した項目は第1期の調査（第2章）と同じである）。これらに加え、X市では英語教育やコ

ンピューター教育を積極的に取り入れているため、「英語」（「外国語（英語）活動・科の授業の内容が理解できていますか」「英語は得意な方だと思いますか」）と「PC」（「インターネットを使って、知りたいことを調べられますか」「パソコンをうまく使える自信がありますか」）について各2項目を独自に作成して尋ねた。

ソーシャル・サポート

第3章でソーシャル・サポートを測定した項目と同様であった。

学校環境負荷

第3章で作成した6項目の内、4項目を使用した。

学校生活の諸領域への適応

岡田（2008）の学校生活の下位領域に対する意識のうち「クラスへの意識」「教師への意識」「校則への意識」の3下位尺度について各4項目を選定して使用した。なお、本調査では「クラスへの意識」は「クラスへの適応」として、「教師への意識」は「対教師関係」として、「校則への意識」は「ルールへの意識」として扱った。

中学校生活への期待・不安

中学校生活への期待については、第3章と同様の項目を用いた。

中学校生活への期待・不安と現実とのズレ

小学校の頃に思っていた中学校生活への期待・不安が実際の中学校での生活でどのようになっているかについて、「中学校に入ったら、やってみたいと思って期待していることができている」（期待通り）、「中学校に入る前に不安に思っていたことは、今の中学校生活では行っていない」（取越し苦労）、「中学校での生活について心配に思っていたことが、今の中学校生活で起こっている」（不安的中）、「中学校に入る前に楽しみにしていたよりも、今の中学校生活は楽しくない」（期待外れ）の4項目を独自に

表5-1

		4年	5年	6年	7年	8年	9年	合計
非一貫	A学園	215	261	195	197	192	166	1226
	B学園	196	176	153	156	155	135	971
	C学園	48	55	53	45	37	66	304
	D学園	71	77	69	64	68	70	419
一貫	E学園	236	258	178	155	138	110	1075

作成し尋ねた。なお、これらの項目は中学生にのみ尋ねた。

(3) 調査対象校と人数

　学園ごとの調査対象者数は表5-1に示した。

　A学園は2つの小学校と1つの中学校で、B学園、C学園は3つの小学校と1つの中学校で、D学園は4つの小学校と1つの中学校でそれぞれ構成されている。

3．調査の結果と考察

(1) レジリエンス

　レジリエンスのうち、「意欲的活動性」（図5-1）については、E学園よりもA学園やB学園の方が得点が高いことが示された。また、「内面共有性」（図5-2）ではE学園やC学園よりもB学園の方が得点が高かった。「楽観性」（図5-3）では、5年生においてA学園よりもB学園の方が得点が高かった。

　「楽観性」についてはあまり学園間で差があるとは言えないが、「意欲的活動性」や「内面共有性」では、一貫校であるE学園は低く、B学園が高いことが示された。

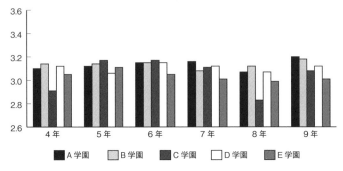

図5-1　意欲的活動性

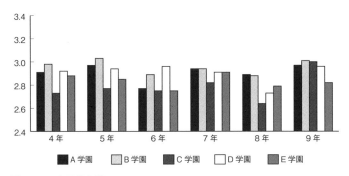

図5 2　内面共有性

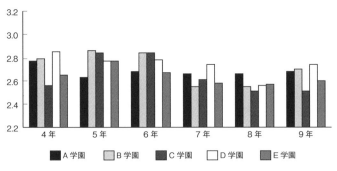

図5-3　楽観性

(2) コンピテンス

　コンピテンスのうち、「勉強」（図5-4）については、C学園よりもA学園、B学園、D学園、E学園の方が得点が高かった。また学園にかかわらず、小学校段階の方が中学校段階よりも高いことも明らかになった。「友人関係」（図5-5）ではC学園よりもA学園、B学園、E学園の方が得点が高かった。「運動」（図5-6）ではA学園よりもB学園やD学園の方が得点が高かった。「自信」（図5-7）では4年生でC学園よりもA学園の方が高く、8年生ではE学園よりもB学園の方が得点が高かった。「英語」（図5-8）については、4年生ではC学園よりもA学園やE学園の方が得点が高く、5年生ではC学園よりもE学園の方が得点が高かった。6年生では学園間で差がみられなかったが、7年生ではA学園やB学園よりもD学園の方が得点が高かった。8年生では、B学園やC学園、D学園よりもA学園の得点が高く、C学園よりもE学園の方が得点が高かった。9年生ではC学園よりも他の4つの学園の方が得点が高かった。「パソコン」（図5-9）については学園間で有意な差はみられなかった。

　これらをみると、一貫校のE学園は「勉強」や「友人関係」で高い得点を示し、「英語」でもおおむね高い得点を示していた。A学園は「勉強」や「友人関係」、「英語」で比較的高い得点を示しているが、「運動」の得点は低かった。B学園は「勉強」「友人関係」「運動」で高い得点を示した一方、中学校における「英語」はやや低い傾向にあった。D学園は「勉強」と「運動」で高い得点を示し、また7年生の「英語」でも高い得点を示していた。C学園は「勉強」「友人関係」「英語」で低い得点を示しており、特に8年生の「英語」は他の学園の8年生と比べて極めて低い得点となっていた。

(3) ソーシャル・サポートと学校環境負荷

　「友人からのソーシャル・サポート」（図5-10）では、E学園よりもB学園やD学園の方が得点が高く、C学園よりもD学園の方が得点が高かった。また、「教師からのソーシャル・サポート」（図5-11）については、4年生ではE学園よりもA学園の方が得点が高く、6年生ではE学

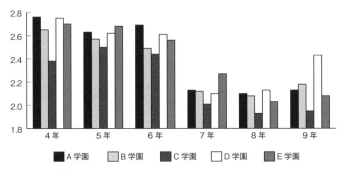

図5-4 勉強

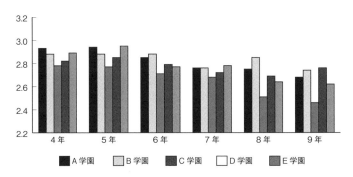

図5-5 友人関係

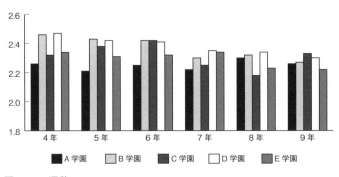

図5-6 運動

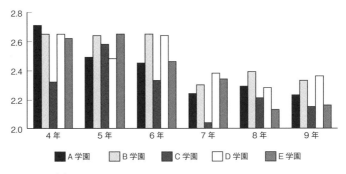

図5-7　自信

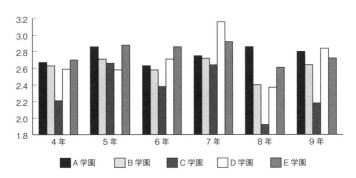

図5-8　英語

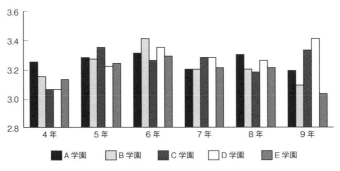

図5-9　PC

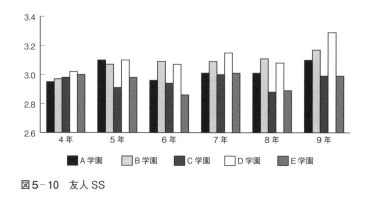

図5-10　友人SS

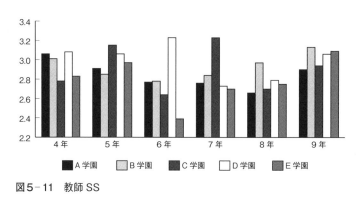

図5-11　教師SS

園よりもA学園やB学園の方が高く、D学園は他の4つの学園よりも得点が高かった。7年生ではC学園が他の4つの学園よりも得点が高く、8年生ではA学園よりもB学園の方が得点が高かった。

　「学校環境負荷」（図5-12）については、4年生ではA学園やE学園よりもB学園の方が得点が高く、5年生ではA学園よりもB学園の方が得点が高かった。6年生ではA学園よりも他の4つの学園の方が得点が高く、7年生ではA学園やC学園よりもD学園、E学園の方が得点が高く、さらにB学園よりもD学園の方が得点が高かった。8年生ではA学園よりもC学園の方が得点が高く、9年生ではA学園よりもB学園、C学園、D学園

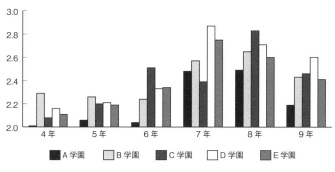

図5-12　学校環境負荷

の方が得点が高かった。

　ソーシャル・サポートについては小中一貫校であるE学園は友人からのソーシャル・サポートも教師からのソーシャル・サポートも全般的に低い傾向にあった。A学園は友人からのソーシャル・サポートは中程度であるが、教師からのソーシャル・サポートについては小学校段階では中程度から高い傾向にあるが、中学校段階になると低い傾向にあった。D学園は友人からのソーシャル・サポートは高く、教師からのソーシャル・サポートも中程度から高い傾向にあった。B学園は友人からのソーシャル・サポートは高い傾向にあったが、教師からのソーシャル・サポートも中程度から高い傾向にあった。C学園は友人からのソーシャル・サポートはやや低いが、教師からのソーシャル・サポートは中程度から高い傾向にあった。

　学校環境負荷については、小中一貫校のE学園は中程度であった。A学園は全体的に低く、B学園は小学校段階では高いが、中学校段階では低い傾向にあった。C学園やD学園は中学校段階で高い傾向がみられた。

⑷ 学校生活の諸領域への適応

　「クラスへの適応」（図5-13）について、4年生ではE学園がA学園よりも低く、5年生ではB学園がD学園やE学園よりも低かった。また6年生ではE学園よりもB学園の方が得点が高かったが、中学校段階にあると、学園間での差はみられなかった。

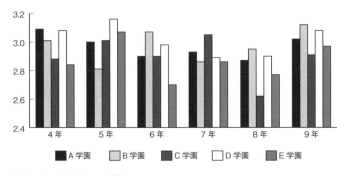

図5-13　クラスへの適応

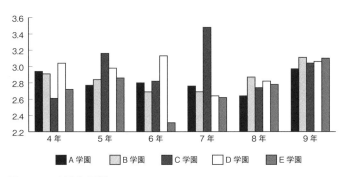

図5　14　対教師関係

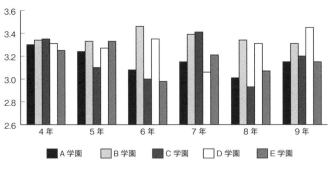

図5-15　ルールへの意識

　「対教師関係」（図 5-14）について、 4 年生では E 学園よりも A 学園や D 学園の方が高く、 C 学園よりも D 学園の方が高かった。 5 年生では A 学園よりも C 学園の方が高かった。 6 年生では E 学園よりも他の 4 学園の方が得点が高く、 A 学園や B 学園よりも D 学園の方が得点が高かった。 7 年生では C 学園が他の 4 学園よりも得点が高く、 8・9 年生では差はみられなかった。

　「ルールへの意識」（図 5-15）について、 4・5 年生では有意な差はみられなかった。 6 年生では A 学園、 C 学園、 E 学園よりも B 学園や D 学園の方が得点が高く、 7 年生では A 学園よりも B 学園の方が高く、また D 学園よりも B 学園や C 学園の方が得点が高かった。 8 年生では A 学園、 C 学園、 E 学園は B 学園よりも得点が高く、 A 学園と C 学園よりも D 学園の方が得点が高かった。 9 年生では A 学園や E 学園よりも D 学園の方が得点が高かった。

　学校生活の諸領域への適応の 3 つの指標については、学園ごとの特徴は把握しにくいものであった。たとえば E 学園の「クラスへの適応」については、 4 年生や 6 年生では低いが、 5 年生では高く、中学校段階になると他の学園と同程度であったように、他の学園でも学園によって高くなったり、低くなったりしていた。これは、諸領域への適応は小中一貫か非一貫かという制度に影響を受けるものというよりも、学級担任や学年団の教師、あるいはクラスメイトからの影響の方が大きいことによると考えられる。

⑸ 中学校生活への期待・不安

　中学校生活への期待を尋ねた「中学校に入ったら、やってみたいと思って期待していることがある」（図 5-16）という項目については、 4 年生において C 学園や D 学園よりも A 学園や B 学園、 E 学園の方が得点が高かったが、 5・6 年生では学園間の差はみられない。また、「中学校での生活がいまからたのしみだ」（図 5-17）という項目については、 4 年生で C 学園よりも A 学園、 B 学園、 E 学園の方が得点が高く、 D 学園よりも A 学園の方が得点が高かった。

　中学校生活への不安を尋ねた「中学校でちゃんとやっていけるか不安に

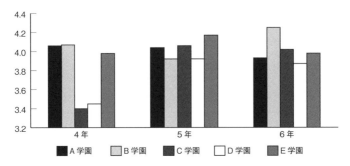

図5-16　中学校に入ったら、やってみたいと思って期待していることがある

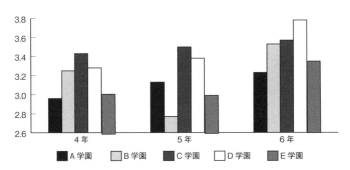

図5-17　中学校での生活がいまからたのしみだ

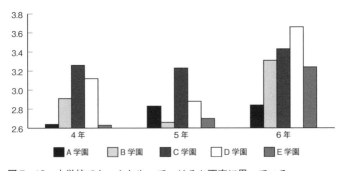

図5-18　中学校でちゃんとやっていけるか不安に思っている

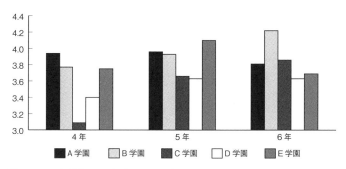

図5-19　中学校での生活について心配に思っていることがたくさんある

凡例: ■A学園　□B学園　■C学園　□D学園　■E学園

思っている」（図5-18）という項目については、A学園やE学園よりもC学園やD学園の方が得点が高かった。また、「中学校での生活について心配に思っていることがたくさんある」（図5-19）という項目については、A学園やE学園よりもC学園やD学園の方が得点が高く、B学園よりもC学園の方が得点が高かった。

　小中一貫校であるE学園は中学校生活への期待は必ずしも高いわけではないが、不安は低く抑えられているといえる。C学園やD学園は期待が低く不安が高い傾向にあり、B学園やA学園は期待も不安も中程度であるといえる。

(6) 中学校生活への期待・不安と現実のズレ

　「中学校に入ったら、やってみたいと思って期待していることができている」（期待通り；図5-20）は、E学園よりもA学園やB学園で得点が高かった。

　「中学校に入る前に不安に思っていたことは、今の中学校生活では起こっていない」（取越し苦労；図5-21）は、E学園よりもB学園やC学園の方が高く、A学園よりもB学園の方が高かった。

　「中学校での生活について心配に思っていたことが、今の中学校生活では起こっている」（不安的中；図5-22）は、B学園よりもE学園の方が得点が高かった。

　「中学校に入る前に楽しみにしていたよりも、今の中学校生活は楽しく

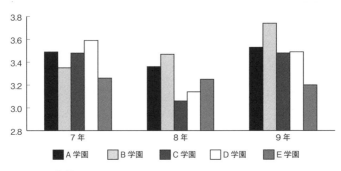

図5-20　期待通り

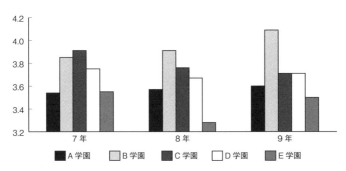

図5-21　取越し苦労

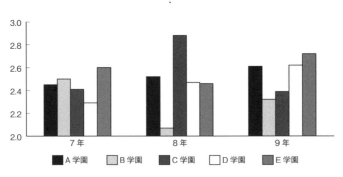

図5-22　不安的中

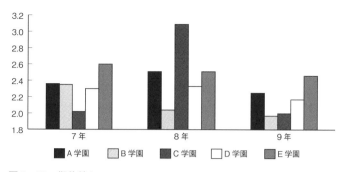

図5‐23　期待外れ

ない」（期待外れ；図5‐23）は、8年生でB学園よりもA学園、C学園、
E学園の方が得点が高く、9年生でB学園よりもE学園の方が得点が高
かった。

　小中一貫校であるE学園は「期待通り」が低く、「期待外れ」が高い傾
向にあり、期待していた中学校生活は送れていないことが推測される。一
方、「取越し苦労」は低いが、「不安的中」は高いという相反する結果もみ
られた。E学園は小学校段階では不安を低く抑えられていたことから、不
安が的中したとしても大きな問題とはならず、その程度の問題であれば
「取越し苦労」として捉えられていると推測される。

4．おわりに

　本章では、X市における5つの学園の比較を通して、これまでの全国調
査よりは地域差が少ない状態での小中一貫校の特徴を把握することを目的
とした。その結果、小中一貫校であるE学園は、「勉強」「友人関係」「英
語」に対するコンピテンスは高かったが、レジリエンス、ソーシャル・サ
ポートはおおむね低かった。また小学校段階における中学校生活への期待
も不安も低く、中学校では期待していた生活は送れていないということも
明らかになった。

　このようにみると、E学園における小中一貫教育は、学業面以外ではあ
まりうまくいっているようにはみえない。特にソーシャル・サポートにつ

いては、友人からのソーシャル・サポートも教師からのソーシャル・サポートも、5つの学園のなかで最も低い学年が多くみられている。E学園は全校児童生徒約 1,300 名という大規模な小中一貫校である。児童生徒数が多くなることで、友人関係が複雑化したり、教師の目が行き届きにくくなったりすることも推測される。

　しかし、小中連携を行っているA〜D学園がいずれもうまくいっているとも言えない。B学園はレジリエンスやコンピテンス、ソーシャル・サポートで高い得点を示しており、諸領域への適応では「対教師関係」はやや低いが、「ルールへの意識」は全体的に高い傾向がみられていたことから、小中連携を行っている4つの学園のなかでは、最もうまくいっていると考えられる。A学園もいずれの指標も中程度であり、特筆して優れている点があるわけではないが、大きな問題もみられていない。D学園もコンピテンスや諸領域への適応がおおむね高かった。対して、C学園はコンピテンスや友人からのソーシャル・サポートが低かった。

　全体的にみれば、小中一貫校であるE学園よりも小中連携を行っているA〜D学園の方が良い傾向を示していたが、A〜D学園の間でも、コンピテンスや諸領域への適応などで差異がみられている。これらの違いを詳細に検討していくことで、小中一貫教育あるいは小中一貫校のメリットやデメリット、またよりよい教育を行っていくための提言などが可能になると考えられる。

文献

石毛みどり・無藤隆（2006）「中学生のレジリエンスとパーソナリティとの関連」
　『パーソナリティ研究』14, 266 - 280.
岡田有司（2008）「学校生活の下位領域に対する意識と中学校への心理的適応──
　順応することと享受することの違い」『パーソナリティ研究』16, 388 - 395.
櫻井茂男（1992）「小学校高学年における自己意識の検討」『実験社会心理学研究』
　32, 85 - 94.

第6章 児童生徒を対象とした大規模調査が明らかにしたこと

岡田有司

1．はじめに

　これまで示してきたように、第1期〜第3期の調査および、X市における調査を通じて、小中一貫校と非一貫校の違いについて様々な観点から分析を行ってきた。第2章で施設一体型一貫校において施設分離型一貫校や非一貫校よりもネガティブな結果が見られたように、施設一体型一貫校には小中一貫化の影響が表れやすいと考えられる。そこで、以下では施設一体型一貫校（以下、単に一貫校とする）と非一貫校の違いに注目して明らかになったことをまとめていく。その際に、「児童生徒同士の関係」「学業」「学校環境への適応」「精神的健康」の4つの観点から知見を整理する。

2．児童生徒同士の関係

　まず、他の児童生徒と良好な関係にあるかどうかについてだが、友人関係コンピテンスや所属感・信頼感の分析結果からは、一貫校の得点が非一貫校よりも低いという結果が散見され、一貫校では相対的に他の児童生徒との関係がよくないことが示唆された。児童生徒同士のサポートに関しては、ソーシャルサポート、援助行動、貢献感の分析を踏まえると、周囲からサポートを受ける程度は一貫校と非一貫校で違いが見られないことが多く、一部で一貫校にネガティブな結果が得られた。周囲をサポートするという点では、4・5年生の段階では一貫校の方がサポートを与える程度は高いことが多かったが、中学校段階では非一貫校の方がサポートを与える

程度は高いことが多くなっていた。特に、非一貫校の７年生は援助行動・貢献感のほぼ全てで一貫校の得点を上回っていた。一貫校では中学校段階になっても児童生徒同士の関係が継続することになり、一貫校に比べ対人関係が安定している。しかし、上記の結果を見る限り、対人関係の安定性は必ずしも対人関係の良好さにはつながっておらず、場合によってはネガティブに作用しているようにみえる。この背景には、ネガティブな形で対人関係が固定化してしまうことや、固定化された関係の中でしかサポート行動がとられにくいことがあると推察される。一方、非一貫校では中学校への移行に伴い対人関係の再構築が必要になることが多い。こうした環境移行事態において新たな友人関係を形成しようとするために、周囲の生徒に対するサポートが促されやすい可能性がある。

　他者とのかかわり方の特徴については、独立性・協調性、リーダーシップの分析から、主に小学校段階において違いがあった。一貫校の４・５年生は主体性や仲を取り持つといった点では非一貫校より高い面もあったが、自己の主張という点では非一貫校の５・６年生の方が高く、７年生になると非一貫校の方がリーダーシップは全体的に高くなっていた。非一貫校では小学校段階で最上級生としての自覚や経験を持ちやすいのに対し、一貫校ではこうした機会が乏しい。このことが自己主張やリーダーシップの低さにつながっているものと考えられる。

3．学業

　学業についてはまず、学業コンピテンスの分析結果から、小学校段階では一貫校の児童は学業への有能感を感じにくいことが示された。ただし、中学校段階になると一貫校と非一貫校に違いはなかった。学習動機に関しては、非一貫校では６年生と７年生の間で自律的な動機が低下し他律的な動機が高まるというネガティブな変化が示された。しかし、一貫校の方が学習動機がポジティブな状態にあるわけではなく、経年変化の分析からは一貫校の小学校段階では非一貫校よりもネガティブな状態で学習動機が推移していた。また、中学校段階では一部で一貫校にポジティブな結果も見

られたが、全体的には非一貫校と大きな違いはなかった。学習への取り組みについては、6・7年生では非一貫校の方が積極的に学業に取り組んでいることが示されたが、9年生になると一貫校と非一貫校に差はなかった。

　以上の結果から、学業面では中学校段階以降になると一貫校と非一貫校の違いは見られなくなるが、小学校段階や中学校への移行期においては違いがあるといえる。非一貫校では小学校から中学校での学習に切り替わる際に、主体的な学習意欲が低下してしまうようである。ただし、学習への取り組み状況については6年生だけでなく7年生においても一貫校より良好であり、高度化する学習に対応するために努力しているとも捉えられる。一貫校では中学校段階への移行期にこうした変化はないが、小学校段階においてネガティブな結果が多く、課題があるといえる。この原因としては、中学校段階の学習の前倒し等によって、非一貫校であれば中学生になってから経験することを既に小学生の段階で求められるようになり、委縮してしまっている可能性が考えられる。

4．学校環境への適応

　学校環境への適応について、まず学校環境に目を向けると、学校環境負荷や教師からのソーシャルサポートについての分析から以下のことが明らかになった。非一貫校では中学校に移行する6年生から7年生にかけて学校環境からの負荷が高まるが、一貫校では小学校段階から環境負荷が高い傾向にあり、6・7年生の間には必ずしもギャップがあるわけではなかった。また、教師からのソーシャルサポートについては、小学校段階の一部で一貫校にポジティブな結果も見られたが、全体的には一貫校の方が低いことが多くなっていた。これらのことを踏まえると、学業面の結果とも重なるが、一貫校では小学校段階の中学校化が進められることで児童に要求されることが多くなり、このことと連動して教師の関わりが支援的でなくなっている可能性があるだろう。

　次に、学校環境への心理的・社会的適応について述べる。心理面での適応については、学校適応感や学校への心理的適応の分析結果から、小学校

段階の一部で一貫校にポジティブな結果が見られることもあったが、全体的には一貫校の方が低いことが多かった。社会面での適応については、向学校的行動の分析結果から、5年生や8・9年生では一貫校の方が好ましい振る舞いが多い一方で、小学校から中学校への移行期にあたる6・7年生では非一貫校の方がポジティブな行動が多かった。また、学校適応と密接な関係にある学校生活への期待・不安については、非一貫校の児童は一貫校よりも中学校生活に期待も不安も抱いていることが示された。都筑（2001）は、中学校生活に期待だけでなく不安も抱いていた児童が、中学入学後に悩みを持ちながらも最も充実した学校生活を過ごすことを示している。このことを踏まえると、非一貫校の児童は中学校生活が未知であるがゆえに期待と不安を抱きやすく、そのことが学校への心理的・社会的な適応にポジティブに作用している可能性がある。ただし、社会的な適応については8・9年生になると一貫校の方が高くなっており、一貫校では9年間の学校生活の締めくくりに向けてポジティブな行動が増える可能性も考えられる。

5．精神的健康

　児童生徒の精神的健康に関しては、精神的健康の諸側面や自己価値に関するコンピテンス、自己受容についての分析結果からまず、一貫校の児童生徒の方が全体的に疲労感が強いことが示された。そして、自分に対する肯定的な認識や感情については小学校段階で違いが認められ、自己受容については一貫校の4年生の方が高いという結果が一部で見られたものの、非一貫校の児童の方が自分をポジティブに捉えており、目標を持てていることが示された。先述のように、一貫校の小学校段階では中学校化が進んでいるとともに、非一貫校の6年生と異なり最上級生としての経験を持つことが難しいといえる。このことが、一貫校の児童の疲労や自分への自信の持てなさにつながっていると考えられる。また、第Ⅱ部第4章にあるように、一貫校では様々な新たな取り組みが導入されている。このことが、中学校段階においても疲労感を高める一因となっている可能性がある。

6．まとめ

　一連の調査結果を鳥瞰していえることは、少なくとも一貫校の児童生徒の学校生活や適応の状態が非一貫校に比べてよいわけではないということである。むしろ、全体としては一貫校の方がネガティブな点が目立つ。小中一貫教育を推進する重要な理由として、いわゆる中１ギャップの低減など児童生徒の適応状態の改善があったが、調査結果を見る限り小中一貫化は児童生徒にとっての学校生活の改善にはつながっていないといえる。後述のように本調査のデータには課題もあるが、児童生徒を対象とした大規模な調査は他にない。そこにおいて、小中一貫教育は児童生徒にポジティブな成果があったとする、文部科学省（2017）が小中一貫教育実施市区町村等を対象に実施した調査とは相反する結果が示されたことの意味は大きい。

　得られた知見を整理すると、全体的に小学校段階で一貫校と非一貫校の違いが示されることが多く、小中一貫教育の影響は小学校段階においてより大きいと考えられる。この理由としては、これまで述べてきたように一貫校の小学校段階における中学校化が挙げられる。一貫校の児童は非一貫校に比べ早い段階でプレッシャーにさらされるようになり、そのことが彼らにネガティブな影響を与えるものと推察される。一方で、一貫校の４・５年生では一部でポジティブな結果も見られた。すべての一貫校にあてはまるわけではないが、４・３・２制といった６・３制とは異なる学年の区切りがこうした結果に表れている可能性もある。

　また、非一貫校では中学校への移行期に学校環境からの負荷が高まり、自律的な学習動機が低下するといったギャップともいえる現象が見られた。同時に、移行期に他者へのサポートが促されたり、リーダーシップや自己主張が高まるというポジティブな面があることも示され、学校環境の移行にはネガティブな面だけでなくポジティブな面もあることが示唆された。この知見は、小学校と中学校の接続の在り方を考える上で一考に値しよう。

　最後に、これまで一貫校と非一貫校の違いに着目してきたが、第５章の

ように個々の学校を分析していくと、小中一貫教育という観点のみでは説明が難しいものもある。また、第2章の分析のように一貫校でも学校規模によって結果は同様ではない。いうまでもなく、児童生徒の学校生活やそこへの適応には様々な要因が関わっており、小中一貫教育という学校制度はそれらの要因の一つに過ぎない。制度を変えれば児童生徒も好転するだろうという憶測ではなく、彼らにとってクリティカルな要因を科学的な視点から明らかにし、それに基づき制度の在り方を考えていくことが求められよう。

文献

文部科学省（2017）「小中一貫教育の導入状況調査について」
https://www.mext.go.jp/a_menu/shotou/ikkan/1395183.htm
都筑学（2001）「小学校から中学校への進学にともなう子どもの意識変化に関する
　　短期縦断的研究」『心理科学』22(2), 41-54.

第7章　発達心理学は調査結果から何が言えるのか

都筑　学

　本章では、われわれがこれまでに実施してきた調査から得られた結果にもとづき、以下のような3点に関して検討していく。

　第1は、小学校と中学校を区分することが持っている発達的意味についてである。第2は、学校という環境が子どもの発達に対して及ぼしている影響についてである。第3に、上記の点をふまえて、学校生活を通じた子どもの発達に関して、発達心理学の視点から考察する。

1．小学校と中学校を区分する発達的意味

　小学校は6年間、中学校は3年間。この9年間において、子どもはどのような変化を遂げ、成長していくのだろうか。

　最初に、小学校における子どもの様子について、第3期の調査結果から見てみよう。非一貫校では、小学6年生において、援助行動やリーダーシップ、学習への取り組み、向学校的行動などの得点が高い傾向にあることが明らかになった。これらの行動は、いずれも子どもの主体性にかかわる行動や意識である。得られた結果からは、非一貫校の6年生が、主体的に学校生活を送っていることが伺われる。小学校生活において、6年生は最上級生として、さまざまな場面でリーダーとしての役割を果たすことが期待される。下級生の先頭に立って活動する経験を積み重ねることを通じて、子どもは主体的に行動する力を獲得していくと考えられる。

　こうして小学校生活を終えた子どもは、中学校へと進学していく。小学校から中学校への進学は、子どもにとって大きな環境移行事態である。未

経験の中学校生活においては、ストレスも高まりやすい。このような点について、第2期の調査結果から見てみよう。非一貫校では、小学6年生から中学1年生にかけて、環境負荷が高まったり、学習動機がネガティブな方向に変化したりしていることが示された。ただし、中学校において学年が上がるにともない、非一貫校と一貫校との間の差は見られなくなっていった。これらのことから、中学校への進学という環境移行によって生じるネガティブな影響は、一過性のものであると考えられる。

　以上のように、小学校と中学校という2つの異なる学校での生活を過ごした子どもは、最上級生としての6年生の生活において、主体的に活動する機会を与えられて成長していく。その子どもは、中学校に進学すると、最下級生となり、それまで経験したことのない中学校生活において、一時的にネガティブな意識を持つようになる。しかし、中学校生活を送る中で、次第に、学校生活にも適応していくのである。

　このような小学6年生での成長と中学1年生での停滞、そして、その後の適応は、思春期から青年期前期にかけての子どもの発達の姿を示したものであるといえる。

　初等教育機関としての小学校と前期中等教育機関としての中学校を区分することは、学校教育制度上のみならず、子どもの発達上においても、重要な意味を持っている。われわれの調査結果は、そのことを実証的知見にもとづいて明らかにしているのである。

　他方で、施設一体型小中一貫校においては、小学校と中学校を一体化し、1年生から9年生までが、一緒に学校生活を過ごす。そこでは、小学校と中学校という学校区分は存在しない。一貫校の中では、6年生の終了時点で、卒業式が実施されない学校も少なくない。一貫校では、学校区分の代わりに、例えば4・3・2制というような段階区分がなされている。

　それは、果たして、どのような影響をもたらすのだろうか。第3期の調査結果から見てみよう。一貫校では、4・5年生において、共同体感覚や援助行動、リーダーシップ、学習への取り組み、向学校的行動の得点が高いことが明らかになった。なぜ、最上級学年である6年生で、それらの得点が最も高くなかったのだろうか。小中一貫校に関係する教師や保護者な

どから、「中学1年生が幼い」といった意見が聞かれることがある。これらを合わせて考えてみると、小学校と中学校の区分が曖昧であることが、小学6年生までの発達を十分には保障しないことが示唆されるのである。

　小学校生活6年間と中学校生活3年間は、子どもの発達にとって不可欠であり、2つに区分された学校生活を過ごすことで、子どもは大きく成長していくのである。

2．学校環境が子どもの発達に及ぼす影響

　学校選択制が全国各地で広まった状況の下で、小学校・中学校への入学時期は、どの学校に行くかについて考える機会となっている。ただし、地域によっては、そうした選択の余地がない所も少なくない。

　他方で、当の学校の側はどうであろうか。学校の校舎、施設・設備などは、新しい古いの違いは多少あっても、どの学校でも学校教育法に定められた一定基準を満たしている。教師の人数や配置も、学校教育法で定められている。その点では、どの小学校も中学校も、だいたい同じようなものだといえるだろう。

　一つ違いがあるとすれば、それは学校の規模である。在籍する児童や生徒の人数は、地域によって異なる。大規模な学校もあれば、小規模の学校もある。少子化等の影響で、学区内の子どもの人数が減少し、統合や廃校を余儀なくされる場合もある。

　施設一体型の小中一貫校を新設する際に、複数の小学校と中学校を統廃合した場合には、学校施設、学校規模、通学や一日の生活時間などにおいて、子どもにとって大きな変化が生じる。こうしたことが、子どもに与える影響について考えることは重要である。

　この点について、第1期の調査結果から見てみよう。第1期では、小中一貫校（施設一体型と施設分離型）と非一貫校を比較した。学校適応感やコンピテンスに関して、一貫して低い傾向を示したのは、施設一体型小中一貫校の4〜6年生だった。施設分離型小中一貫校や非一貫校と比べて、施設一体型の小学4〜6年生は、学校への適応が悪く、自分の能力に対す

る評価も低かったのである。施設一体型の小中一貫校の子どもは、新しく
出来た小中一貫校に通うことになる。新しい学校は、それまで通い慣れて
いた以前の学校とは、さまざまな点で異なっている。こうした環境の変化
や生活の変化は、大きいといえるだろう。通学時間や通学手段（徒歩かバ
ス通学かなど）も変わる。複数の学校が統廃合されて児童生徒数も増え、
友人関係や人間関係も以前とは違ったものとなる。学校自体も、学校づく
りを一から始めることになるので、子どもも教師もいろいろな点で不慣れ
である。これらのことが重なり合い、年齢の低い子どもにネガティブな影
響が強く出てくる可能性が高いと考えられる。施設一体型の小中一貫校の
４～６年生における学校適応感やコンピテンスの低さは、こうした状況の
下で生じたものだと思われるのである。

　次に、学校規模の影響について、どのようなことが言えるか、第１期の
調査結果を見てみよう。施設一体型小中一貫校における学校規模にもとづ
く検討から、以下のようなことが明らかになった。学校適応感は、学校規
模が大きくなっていくとともに次第に低下していった。また、小規模校の
子どもは、他者からの視線を気にする一方で、自己主張しながら、他者と
の関係を良好に保っていくことが示された。

　学校における児童生徒数は、個々の子どもにはコントロール不可能な要
因である。それと同時に、児童生徒数にもとづく学校規模が、子どもの発
達に大きな影響を及ぼす要因であることが明らかになった。小規模な学校
であれば、教師と児童生徒の人数比は小さくなる。大規模になればなるほ
ど、その人数比は大きくなっていき、子どもは大勢の中の一人として集団
の中に埋没してしまう危険性が高い。調査結果は、少人数の学校の方が子
どもの発達にとってプラスになることを示しているのである。

　以上のことから、新設された施設一体校や、その学校規模が、子どもの
発達に大きな影響を与えていることが明らかになった。このような学校環
境は、子どもにとって制御不可能な要因である。子どもの発達を第一に考
えれば、学校環境の大きな変化を生じさせるような学校統廃合を「大人の
論理」だけで進めることが、大きな問題点を含んでいることは明らかであ
る。

3．子どもにとっての学校とはどのようなものであるのか

　発達心理学的に見れば、小学生は児童期、中学生は青年期前期に当たる時期である。発達段階において、小学生と中学生は質的に異なる段階に位置する。認識能力の点でも、対人関係の点でも、小学生と中学生の間には、大きな違いが存在しているのである。

　さらに、小学3年生から4年生にかけての時期は、9・10歳の節と呼ばれ、青年期に発達するさまざまな能力を準備する時期でもある。思考の発達を例に取れば、9・10歳頃に抽象的に物事を考えることが可能になり始め、それが青年期における論理的・形式的な思考の発達の基礎となる。これらのことから明らかなように、小学校での教育は、児童期におけるさまざまな発達的な課題を達成し、中学生以降の発達の基礎を確立することが目標となる。小学校と中学校を区分することの発達的意義は、小学校において児童期の発達目標を明確化するという点にあるといえる。それはまた、6年間の小学校の教育課程において、最終学年である6年生での達成すべき発達の姿を明確に意識した教育を展開していくことでもある。

　われわれがおこなってきた調査の結果は、小学校と中学校を区分した非一貫校における小学6年生が十分に発達していく様子を実証的データによって明らかにしている。

　その一方で、小学校と中学校を区分することは、中学校進学という時点を境にして、子どもに対して、新たな環境への移行を求めることになる。その際には、子どもは一時的に、中学校生活への不適応的な状態に陥ることがある。だが、その後、中学校生活が進む中で、そうした状況から脱して、適応的な状態へと変化していく。そうした様子に関しても、実証的なデータによって明らかにされているのである。小学校と中学校との区分は、ギャップでもあるが、同時に、子どもはそれを乗り越えて発達していくといえる。

　子どもが、小学校や中学校で学ぶのは、一回限りのことである。入学した学校が統廃合によって消滅し、別の学校に通わなければならない。こう

した事態を経験することが子どもの発達にネガティブな影響を引き起こすことも、われわれの調査結果から明らかになった。大学などの高等教育機関においては、入学した際の教育課程は卒業まで保証される。それと比較すると、統廃合による学校再編の際に、子どもたちには意思表示の機会も与えられず、選択する自由もない。子どもの権利という観点から考えてみると、学校に通う主体である子どもの声をもっと反映すべきであるといえよう。子どもの声に依拠した学校づくりが、子どもの十全な発達を保障するのである。

第8章　子どもの発達段階の節目を保障できる
　　　　小中一貫教育とは

金子泰之

　本章では、小中一貫教育を進めていく上で、どのような点に配慮しながらより良い学校づくりをしていく必要があるのかを、発達的観点をもとに述べていく。第2章から第5章までの調査から明らかになった結果と、第7章における発達心理学的観点からの提言を踏まえ、小学校と中学校の連携の仕方と、小中一貫教育に向けた学校づくりについて考察する。

1．小中一貫教育は、小学校と中学校のギャップを小さくできているのか

　第1章では、小中一貫教育の実態を子ども達の視点から明らかにするために実施する心理学的調査の目的が述べられていた。そこでは、中1ギャップについて問題提起されていた。いじめや不登校の認知件数が、小学校段階よりも中学校段階において高いことから、中1ギャップが存在すると考えることに慎重になるべきという問題提起であった。また、小学校を卒業し中学校に入学するという区切りを経験することが、子ども達にとって期待と不安を抱かせる機会であると指摘されていた。小学校から新しい環境である中学校に移行していく過程は、子ども達の発達を促す契機にもなることが第1章で指摘されていた。

　小中一貫教育では、小学校と中学校との間に存在する学校間のギャップを小さくし、小学校から中学校に進級する際に、子ども達が経験する環境の変化を小さくしようとするねらいがあった。それによって、学校適応に関係するいじめや不登校の問題が少なくできると考えられていたからである。

　小中一貫教育によって、中１ギャップを解消できたと言える結果が、第
２章から第４章で明らかにされていただろうか。

　一連の研究結果から見えてきた答えは、小中一貫校の小学校高学年が、
中学校化されていると解釈できる結果であった。小学校の中学校化は、新
しいギャップを生み出しているとも推察された。第３章と第４章の結果の
一部を取り上げながら、小中一貫校の高学年において中学校化が前倒しさ
れていると考えられる実態を改めて確認する。

　まず、第３章の学校環境の負荷についての結果を見てみる。非一貫校で
は、小６から中１への移行において、学校環境の負荷の得点が顕著に高く
なっていた。一方、一貫校の場合は、小５、小６あたりから学校環境の負
荷の得点が上昇している傾向が見られた。非一貫校と比較すると、一貫校
の小６から中１への移行において、学校環境の負荷の得点の上昇の仕方は、
ゆるやかではあった。中１ギャップといわれる環境の変化は、非一貫校よ
りも一貫校において小さくなり、中１ギャップが解消されているようにも
見えた。しかし、それは一貫校の小５、小６あたりから学校環境の負荷が
少しずつ高くなり始めているからそう見えるのである。従来、非一貫校の
子ども達が小６から中１への移行の過程で経験していたものを、一貫校の
子ども達は、小学校５、６年生から少しずつ前倒しで経験していると考え
られた。

　次に、第４章のリーダーシップ、学習への取り組み、向学校的行動の小
学校段階の結果に焦点を当て見てみる。リーダーシップ、学習への取り組
み、向学校的行動、３つの指標の全体の傾向を見ていくと、一貫校では、
小４の得点は高いが、非一貫校の場合は小６の得点が高かった。児童が学
校生活で主体性を発揮している姿は、一貫校では小４年生で顕著であるこ
とが明らかにされた。一方、非一貫校では、小６において児童が主体性を
発揮している姿が顕著に見られた。

　第３章の結果と第４章の結果を合わせ、小中一貫校の児童の学校での姿
を総合的にまとめる。小中一貫校の小学生は、小５、小６頃から前倒しさ
れた中学校文化を経験し始めている。そのため、主体性を発揮しながらの
びのびした小学校生活を送れるのは小４までと言えるだろう。小５ギャッ

プ、小6ギャップと名付けられる新しいギャップが生じていると推測されるのが小中一貫校の小学校高学年段階の学校生活と考えられる。

　一方、非一貫校の小学生は、小6段階において学校環境の負荷が最も小さく、学校生活には主体的に関与し、小6としてのリーダーシップを発揮しながらのびのびとした最上級生を過ごすことができていると考えられる。

2．小6としての誇りを持てる小中一貫教育へ

　非一貫校の結果で明らかにされたように、小6の子ども達が、学校生活で主体的な姿を発揮しつつ、学校全体をひっぱる経験を積み重ねていける環境が、小中一貫校には欠けていると考えられる。

　小中一貫校において、配慮しなければならないのは、第7章で述べられている発達に区切りをつけられる学校づくりである。小学校から中学校への移行過程において、発達段階の節目を乗り越えようとしている存在として子ども達を理解することが、私たちには求められる。小6は、児童期と青年期前期との境目、つまり発達段階の節目にいる。非一貫校では、学校生活で主体的な姿を発揮しながら、学校をひっぱるリーダーとしての役割を小6では経験する。最上級生としての経験を小6に保障できれば、児童期という発達段階に区切りをつけることになる。これが、次の青年期前期に向けての一歩となっていく。

　子ども達が発達段階の節目を乗り越えていくために、どのような配慮が小中一貫教育では必要なのだろうか。学校行事のあり方と、教師と子どもとの関係のあり方の2点から以下に述べていく。

　まず、学校行事のあり方について述べる。小中一貫校の場合、最上級生は9年生、つまり中学3年生となる。一貫校において、小学校段階と中学校段階が合同で行事を行う場が増えれば、9年生の存在感が強くなる。行事で活躍する9年生の姿を見て、下の学年が刺激を受けるメリットもあるだろう。一方、小6が学校の主役となる場が少なくなるデメリットも生じる。

　小中一貫校における学校行事については、小学校と中学校で分けて実施

し、小6が最上級生として学校で存在感を示す場を作ったり、小6が最上級生として学校をひっぱったりする経験を積み重ねられる場を設けることが必要だろう。異学年交流などにおいても、小6が最上級生として年下学年と関われる場を設けることが必要だろう。

　次に、学校環境のあり方について述べる。本研究の一連の結果を見ていくと、小中一貫校における小学校高学年は、中学校生活が始まるための準備期間として位置づいているように見えてくる。一貫校の小学校高学年において、中学校化が始まっていると推測できるような結果が明らかになったからである。これは、中学校生活を円滑に始められるようにするための助走期間といって良いものだろう。この結果を見ると、小中一貫校は中学校側に歩み寄って形作られた仕組みに見える。しかし、小学校にとっての小中一貫校のメリットは何だろうか。第2章から第4章までの小中一貫校の結果から、小中一貫校において、中学校段階が小学校文化を尊重する、もしくは中学校が小学校に歩み寄って一貫教育を形作る様子は見えてこない。小学校が中学校に合わせることだけが小中連携ではない。小学校と中学校が互いに歩み寄り、相互に連携する仕組みづくりが小中一貫教育には求められる。

3. 小中一貫校によって教育問題は解決できるのだろうか

　第5章のX市の事例は、同じX市内における施設一体型の義務教育学校と施設分離型の小中一貫校を比較したものであった。X市内に限定し、地域性の要因を同一条件とみなすことで、明らかにされた小中一貫教育の結果であった。施設分離型の一貫校と施設一体型の義務教育学校の特徴が明らかにされた。例えば、コンピテンスの勉強、英語について見ていくと、一貫校の中でも勉強や英語のコンピテンスが高い学園がある一方、顕著にコンピテンスが低い学園があることも明らかとなっていた。

　小中一貫教育では、小学校6年間のカリキュラムと中学校3年間のカリキュラムを合わせ、9年間の一貫したカリキュラムによって子ども達は学ぶ。9年間の一貫したカリキュラムによって、子ども達の学力向上が期待

される。しかし、X市の事例を見ていくと、勉強が得意と感じている子どもが多い一貫校や、勉強は苦手であると感じている子どもが多い一貫校があることが分かる。小中一貫教育による成果は、一律に見出されるものではない。

　例えば、学校に子どもを通わせる保護者が、学校や教育にどのような期待を持っているのか、それは学区によって異なるだろう。同じ一貫校という形態であっても、様々な要因が組み合わされることによって学校の様子に違いが現れてくることがX市の事例から読み取ることができる。小中一貫教育によって、子どもの学力が向上するはずといった成果を求めることは慎重にしなければならない。

　小中一貫教育に成果を求めることに慎重にならなければいけないのは、学力問題だけでなく、いじめや不登校など学校適応に関係する問題にも言える。第3章、第4章の結果から、小中一貫校において小5ギャップと呼べるような新しいギャップが生じている可能性が考えられた。一貫教育によって、小学校と中学校の学校制度間のギャップを小さくしたとしても、児童期と青年期前期という発達段階の節目はなくならない。第7章で論じられているように、発達段階の節目を乗り越えていくときに、一時的に不適応な状態に陥っても、その発達段階の節目を乗り越えていくことで子ども達は成長していく。

　小中一貫校化によって、子どもの学力が向上する、子どもの学校適応上の問題が減少するといった成果にこだわる考え方は、発達段階の節目を乗り越えて成長していく子どもの姿を見落とした考え方である。それでもなお、小中一貫校化による成果を求めようとするならば、教育現場に歪みが生じる。成果を求められることで教師は疲弊する。教師が疲弊することは巡りめぐって、子どもにも悪影響を与えていくことになる。

4．教師が子どもと関わる時間を確保できる小中一貫校へ

　教師の業務負担量が増え、多忙化していると言われる（内田、2005）。小中一貫校化により、小中合同の授業・行事、小中合同の教員研修など、

　新しいものが教育現場に付け加われば、教師はさらに業務に翻弄される。子どもに教科指導を行うために教材研究をする時間、休み時間などに教師が子どもを見守る時間が削られていく。しかし、登下校の時間、休み時間などに、教師が子どもと関わる重要性（金子、2018）が指摘されている。教師が子どもと向き合える時間、教師が子どもを見守れる余裕が必要なのである。

　小学校と中学校が互いに歩み寄り、連携して教育を進めていく意義を本研究プロジェクトでは理解している。しかし、小中一貫にともなう新しい業務が教育現場に付け加わることで、本来、大事にされてきた教師と子どもが関わる時間が疎かにされてはならない。また、小学校と中学校での連携や、一体となった教育を行う文化がこれまでなかった小・中学校に、トップダウンで一貫教育が導入されても教育現場に無理が生じる。一貫教育の目的を教育現場で共有し、少しずつ教育現場の体制を整えていくことも必要である。

　子どもの発達的観点と教育現場の実態が理解されないまま、成果ばかりが求められ、小中一貫校という体裁を整えることだけが目的になっていくことは避けなければならない。子どもの学校生活をより充実したものにするための小中一貫教育である。その目的を見失ってはいけない。

引用文献

金子泰之（2018）『中学生の学校適応と生徒指導に関する研究』ナカニシヤ出版
内田良（2015）『教育という病——子どもと先生を苦しめる「教育リスク」』光文社

第9章　本研究の意義と今後の課題

髙坂康雅

1．はじめに

　本書では、第1期から第3期までの調査、X市で行った調査の結果について論じてきた。心理学研究において、小中一貫教育あるいは小中一貫校に着目した調査研究はほとんどなく、その点からみても、これらの調査は、今後の心理学研究や、小中一貫教育について検討する他領域・分野の研究に対して、ある程度の知見を提供し、また検討・議論をする材料を提供したと考えられる。

　本章では、改めて本研究の意義について述べるとともに、本研究の問題点や今後の課題について論じることとする。

2．本研究の意義

　本研究の最大の特徴は、心理学的な観点・概念・方法を用いて、小中一貫校で学ぶ子どもに直接回答を求めたことにある。これまでも小中一貫教育・小中一貫校に関する調査は少なからず行われてきた。たとえば、文部科学省（2017）の「小中一貫教育の導入状況調査」では、小中一貫教育を導入している249市区町村を対象に調査を実施し、そのうち76％が「成果が認められる」としていることを明らかにしている。具体的には、学習規律・生活規律の定着、児童生徒の思いやりなどの向上、上級生―下級生関係、異校種・異学年等間の児童生徒の交流、教職員の意識や連携などの向上などがあげられており、小中一貫教育の成果が広範囲に渡っているこ

とを示している。

　また、小中一貫教育全国連絡協議会（2015）が全国 1,740 市区町村を対象に実施した調査（有効回答数 1,124 市区町村）では、施設一体型小中一貫校を導入している市区町村の 82.3％が「中 1 ギャップの解消」を成果として挙げており、また「教員の意識の向上」も 85.7％となっている。

　しかし、このような調査にはいくつかの問題がある。まず調査対象者が市区町村となっているが、実際に誰が答えているのかわからないということである。日々子どもの様子をみている教職員が回答したのかもしれないし、行政職員が回答したのかもしれない。そこが明記されていないことは、これらの調査結果の信頼性に関わる問題である。また、施設一体型小中一貫校を設立し、始動することは、その自治体にとって大きな教育制度の転換となる。そのような制度について、問題を感じていたとしても、「成果はない、問題ばかり」とは回答しにくいことは容易に推測される。さらに、小中一貫校についてのみ回答を求めているため、非一貫校とは異なる成果が得られているのかがわからず、小中一貫教育の成果であるのかも明らかにはならない。これらから考えると、そのような教育制度・行政について忖度しない子どもから回答を得、それを一貫校と非一貫校で比較した本研究は、子どもが実際に感じている学校生活の良い面・悪い面を、一貫校についても非一貫校についても明らかにすることができたと考えられる。そして、これらの知見が、教育現場や教育政策に対して何らかの示唆を提供することができるものでもあると考えている。

　もちろん、いくつかの自治体では、子どもを対象とした調査を行っているところもある。しかし、そのほとんどが度数分布を示すだけにとどまっており、各変数間の関連性を検討したり、学年間の違いを統計的に検討したりすることができていない。しかも、単年度での調査であるため、ある時点の子どもの特徴がその後どのように変化しているのかを示すこともできていない。

　本調査では、第 1 期は 2 年間、第 2 期と第 3 期は 3 年間の縦断調査を実施している。縦断的な調査を実施することで、各学年の特徴が把握できるとともに、学年に影響を受けない、一貫校・非一貫校独自の特徴も明らか

にすることができていると考えられる。また、紙幅の都合で本書には掲載
できていないが、各変数間の関連についても、学会等で報告しており、そ
れらの結果から得られる知見も、今後の小中一貫教育の研究に一定の示唆
を提供できるものと期待している。

3．本研究の限界と今後の課題

　本研究の大きな問題のひとつに、調査対象地域・対象校の偏りがあげら
れる。本研究の対象となった施設一体型小中一貫校に対しては、全国リス
トを作成し、全ての学校にアンケート調査を依頼した。本研究の調査デー
タは、その依頼に応えた学校のものである。当然そこには調査を受けるか
受けないか（実施するかしないか）という選択において、一定のバイアス
が生じることになる。カリキュラム上実施する時間がない、どこの誰かも
わからない者のアンケートには協力できない、小中一貫教育によって何ら
かの問題が生じている、教職員・保護者等の理解が得られないなど、アン
ケートを受けない理由は多様に考えられる。そのようななか、アンケート
を実施した学校と実施しなかった学校には、何らかの違いがあることが推
測される。そして、実際にアンケートを実施した学校は大都市圏ではない
地方の学校が多くなった。このような偏りのある調査対象地域・対象校の
調査の結果をもとに、小中一貫校の特徴を断じることは困難であり、その
点を考慮して結果を読み解く必要がある。
　また、小中一貫校となって何年経っているかも重要である。言い方を変
えると、調査対象となった子どもは、入学当初から小中一貫教育を受けて
きたのか、それとも小学校・中学校の途中で小中一貫教育に切り替わった
のかということである。この点については、本研究では十分に吟味・検討
できていない点である。
　非一貫校についても、ランダムサンプリングができていないという問題
点がある。非一貫校で調査対象となった学校のほとんどは、我々研究グ
ループと何らかのつながりがあるところである。地域性や小中一貫校との
等質性を十分に考慮できていなかった。

　これらすべての問題を解決することは困難であり、そうであるからこそ、統計的な検討が意味を有すると考えられる。しかし、対象地域の偏りは、調査対象校を増やすことによって、改善することができると考えられる。今後は、本研究の目的や成果を本書のような形で発信していくことで、調査対象校となり得る学校の理解を得て、協力を求めていくことが必要となる。

　2点目の課題として、いわゆる「中1ギャップ」の解消について十分に検討できていない点である。施設一体型小中一貫校を設立する際の理由としてあげられるものとして中1ギャップの解消がある。先に紹介した文部科学省（2017）や小中一貫教育全国連絡協議会（2015）の調査でも、小中一貫教育の実施は、中1ギャップの解消に効果があったとしている。しかし、それは先に示したように、市区町村の誰かがそのように回答しているだけであり、実態は明らかではない。

　この中1ギャップの解消に効果があったかを確認するためには、少なくとも小学6年生と中学1年生の2時点における縦断調査が必要となってくる。この点は小中一貫校は比較的容易であり、対象者数は多くはないが、小中一貫校において3年間縦断調査を行うことができた者がいた。一方、非一貫校においては、小学校と中学校の双方に調査に協力をしてもらう必要がある。また、ひとつの中学校に複数の小学校から子どもが集まる場合もあれば、ひとつの小学校から複数の中学校に子どもがばらける場合があり、このような子どもの移動を捕捉し、縦断調査を実施することが難しい状態にあった。

　小中一貫校によって中1ギャップが解消されるかを検討するためには、施設一体型小中一貫校のデータだけでは不十分であり、非一貫校と比較することで、その効果が明らかとなる。今後は、非一貫校における学校間移行を把握し、縦断データの蓄積を行っていくことが求められる。

　3点目は、調査期間の短さである。本研究は科学研究費助成事業によって調査を実施しているため、ひとつの研究プロジェクトは3年で終結してしまう。実際には、3期9年間、科学研究費を得ることができているため、3年以上の調査も可能であったが、調査計画は3年を一区切りとして立案

している。しかし、3年というのは妥当であろうか。小・中学校の教育やそこでの友人関係、適応は、その後の人生にも幅広く影響を及ぼすと考えられる。施設一体型小中一貫校での教育・生活の是非が問われるのは、そこで学び、生活している時点だけでなく、それ以降子どもたちがどのような生活を送っていくのかに関わっていると考えられる。たとえば、小中一貫校に対する批判として、小学6年生が最高学年を経験しないため、リーダーシップが育たないというものがある。では、このリーダーシップは小学6年生で育たないと、それ以降育たないのか。中学3年生（9年生）で最高学年を経験するのでは遅いのか。小学6年生が最高学年を経験しないことは、のちの人生においてそれほど重大な問題なのか。これらの問いに、誰も答えることはできない。

　施設一体型小中一貫校は、2006年度ごろから作られ始め、すでに15年が経過している。2006年度に小学1年生として施設一体型小中一貫校に入学した子どもは、すでに成人となっており、今後は施設一体型小中一貫校で育った大人が珍しくなくなってくるであろう。縦断調査でなくても、施設一体型小中一貫校で育った子どもと非一貫校で育った子どもの、その後の人生における違いを明らかにすることは、発達心理学的にも興味があるところである。

4．おわりに

　本研究には、上記の以外にも課題が多々ある。しかし、このような基礎的な研究を基盤として、今後の研究は発展していくものであり、本研究をもとに、施設一体型小中一貫校の心理学的研究が活発に行われるようになることを期待している。

　そのなかで、施設一体型小中一貫校に関する研究はどのように展開していくのであろうか。単に、施設一体型小中一貫校の是非を問うような研究ではなく、そこで子どもたちが適応し、成長していくためには何が必要かを明らかにしてくことが求められると考えられる。

　小中一貫校の設立には、子どもだけでなく、保護者や地域コミュニティ

を巻き込んだ対立が生じる事例が少なくない。また、小中一貫校という新たな環境に置かれた教師の意欲や教育活動、メンタルヘルスにも関心が向けられるべきである。そのような多様な観点から、小中一貫校の問題を明らかにし、それに対応する方策を提言できる研究へと発展していくことが望ましいのではないかと考えている。

引用文献

文部科学省（2017）「小中一貫教育の導入状況調査について」
https://www.mext.go.jp/a_menu/shotou/ikkan/1395183.htm
小中一貫教育全国連絡協議会（2015）「小中一貫教育全国実施状況調査［平成27年度集計結果］」
https://www.city.shinagawa.tokyo.jp/ct/other000067600/h27kekka-shochuikkan-kyoikuzenkoku.pdf

第 II 部

教育学からみた
小中一貫教育

第1章　小中一貫校の20年——「平成の学制大改革」から「地方創生」へ

山本由美

　小中一貫教育が、広島県呉市で開始された2000年から今日に至るまで、その政策的な意図に着目して3つの時期区分に着目してみたい。一つの学校制度に対して、時期によって異なった制度目的——必ずしも教育的なものではない——が課せられた結果が今日の小中一貫校制度を特徴づけていると思われる。

　第1に、2000年に広島県呉市で、文科省の研究開発学校制度を利用して2小学校1中学校を小中一貫校にする試行が実施されたことを契機に、それに着目した東京都品川区、京都市などの自治体が内閣府総合規制改革会議の「教育特区」制度を活用して小中一貫教育を拡大していった時期に着目する。

　第2に、2010年頃から経済産業省、財務省などが先行して「グローバル人材養成」とそれを実現するための「複線型」学校制度を提起するようになったことを受けて、2012年に登場した第2次安倍政権のもとで「戦後の学制大改革」と称する改革が進められる。その中で小中一貫教育を行う「義務教育学校」が新たに制度化された時期に着目する。

　第3に、前の時期と重複してくるが、2014年にスタートする「地方創生」政策のもとで総務省が全自治体に提出を「要請」した「公共施設等総合管理計画」を背景として、学校統廃合の方途の一つとして小中一貫校が多用されるようになる。施設「複合化」等への財政誘導も伴いさらに推進されていく。いずれにせよ、「教育的」な理由をまといながら、政策的、財政的な動機で制度が推進されていった点に特色がある。

　そして最後に改革の対抗軸ともいえる自治体のケースを紹介してみたい。

1．学校統廃合の方途として（2000年〜2010年）

　最初の小中一貫校は、1999年に広島県呉市教育委員会が、児童生徒数が減少していた二河中学校と隣接する二河小学校、道路1本を隔てた五番町小学校という極めて近距離にある3校を対象に計画化し、2000年度から文科省の研究開発学校制度に認定されたものである。直前の1998年に中等教育学校（中高一貫校）が法制化されたことを受け公立中高一貫校の開設が続く時期に、新たに異なる学校種の小・中を一つの学校にするための根拠として小中一貫カリキュラムが求められた。中学から増加する不登校やいじめ問題の原因を「文化のギャップ」ととらえる「中1ギャップ」が提起された。さらに「発達の早期化」などに対応した「4・3・2制」が根拠とされた。第1〜4学年（具体的操作期）、第5〜7学年（移行期）、第8〜9学年（形式的操作期）と分けた上で、「具体と抽象が混在する時期」「小学校と中学校を結ぶ」第5〜7学年に「重点を置いて指導することになった」という説明がなされている。また同時期から自己肯定感が低下するというデータから、異年齢の小さな児童とのふれ合いが有効になる、という理由が示された。実際には、当時の呉市は工場誘致のための土地開発やヨットハーバー開発などにより財政的にひっ迫しており、統廃合が求められていた。2007年に正式に小中一貫教育校呉中央学園が開設され、2011年に施設一体型小中一貫校校舎が完成する。

　この呉市の方式に、2003年に内閣府の総合規制改革会議によって認定された構造改革特区制度を用いて複数の自治体が参入していく。翌年の第2回認定の品川区、翌年の第4回認定の京都市、奈良市、大阪府池田市、第5回認定の寝屋川市など、その後施設一体型小中一貫校を導入する自治体が名を連ねた。それらの特区では文科省の研究開発学校設置事業における英語教育の取組（2005年度時点で文科省認可全55事業）が行われた。特区名は「小中一貫教育特区」「小学校英語教育特区」と多様であったが、学習指導要領の規制緩和対象として小学校から英語教育を導入する点は共通していた。

　また、導入自治体は独自教科を取り入れるケースが多かったが、小学校からの英語教育とととともに「起業家精神」の育成などは、当時の財界の要求を反映したものであった。例えば、品川区の独自教科「市民科」は、道徳を廃止して特別活動と合わせたものであったが、当時、経団連の「活力と魅力あふれる日本をめざして」の策定メンバーの１人であった小松郁夫が、イギリスの「シチズンシップ教育」を紹介したことがきっかけになって導入されたものであったとされる。また、同区の疑似的な経済活動を教育に取り入れたスチューデントシティー・プログラムや、三鷹市の小中一貫教育の根拠とされた「アントレプレナーシップ（起業家精神）教育」も同様である。小松は、京都市の「読解科」の導入にも関わり、イギリスの学校評価・査察制度であるオフステッドを杉並区や足立区に紹介することによって、類似の制度導入を促していた。先行的に新自由主義教育改革を進めようとする自治体と財界の要求を結ぶ役割を果たしていたと思われる。そして、小泉政権下の規制緩和によって、自治体が新自由主義教育改革の突破口となる条件が生まれていた。

　他方、それらの自治体は統廃合の動機を有していた。例えば品川区教委は1999年から学校選択制を導入する際に「将来的に学校統廃合をしない」という言質を取られていたが、選択行動によって小規模校が多く出現していた。しかしそこで、統廃合ではなく小中一貫教育を行う学校である、と保護者、住民に説明することが可能になった。それらの自治体が結成し、2005年に小中一貫教育全国連絡協議会を結成し、その全国サミットに参加した教育委員会関係者などによって、小中一貫教育は全国に波及していくことになる。

　そして2005年中教審答申「新しい時代の義務教育を創造する」の「義務教育に関する制度の見直し」の以下の部分を、小中一貫教育を導入するほとんどの自治体が根拠とすることになる。

　「義務教育を中心とする学校種間の連携・接続の在り方に大きな課題があることがかねてから指摘されている。又義務教育に関する意識調査では（中略）従来から言われている中学１年生時点のほかに、小学校５

年生で変化が見られ、小学校4～5年段階で発達の段差があることがうかがえる。研究開発学校や構造改革特区特別区域などにおける小中一貫教育の取組の成果を踏まえつつ、例えば設置者の判断で9年制の義務教育学校を設置することの可能性やカリキュラム区分の弾力化など、学校種間の連携・接続を改善するための仕組について種々の観点に配慮しつつ十分に検討する必要がある。」（中央教育審議会、2005）

　導入理由は呉市の内容に全面的に依拠し、わずかな特区事例のみを根拠とするこの記載は、中教審委員だった若月秀夫品川区教育長の発言を受けた内容であり、審議会でこの内容について十分な審議が行われた形跡がない。当初の小中一貫校制度は、教育学的根拠や検証が不十分なままに拡大していったのだ。

　当時、小泉政権下の三位一体改革の中で、義務教育費国庫負担制度の改廃が大きな争点となり、財源のうち中学校部分を文科省から地方自治体に移譲することが知事会など「地方6団体」から提起されていた。地方への財政権限移譲は総務省が後押ししていた。中教審でも義務教育国庫負担制度の維持の是非が主たる論点になり、それによって権限を失う文科省関係者は「教育水準の不均等化」などを表向きの理由に強く反対していた。結果的には「中学校に係る国庫負担金を対象から外すという考え方については、同じ義務教育である小学校と中学校の教職員の取扱いを分けることになり、合理性がなく、適当ではない。」という答申で決着を見るのだが、小中一貫教育など義務教育制度改善の必要性の主張は、義務教育費国庫負担制度を守り文科省の権限を維持することにつながっていた。

　翌2006年に教育基本法「改正」に際して、戦後教育改革期以降の教育の機会均等を保障する学校制度である「6・3・3制」につながる年限に関する文言が削除された。「改正」は全ての対象に平等な公教育サービスを提供する従来の公教育制度から、早期からエリート養成に重点的に資源配分する新自由主義的な制度への再編に向けたものであった。翌年の「全国学力・学習状況調査」導入の布石ともいえるような、国による教育内容介入の歯止め規定の丁寧な削除も行われた。翌年の学校教育法「改正」

でも教育目標規定が従来の「小学校」と「中学校」を対象とした２つの条文から「義務教育」に統一されるなど、小中一貫教育導入に向けた準備が着々と進められていた。ただしこの時点では、国は学校選択制の推進を継続しており、保護者の選択行動、学力テスト「結果」などを梃子にした競争的環境による学校の再編がめざされていた。品川区や足立区など、東京都の自治体がその実験台でもあった。

２、学校制度複線化、「平成の学制大改革」（2010 年〜）

このように拡大した小中一貫教育であったが、2007 〜 08 年頃から小中一貫校制度による実質的な学校統廃合に対して全国各地で住民や保護者による反対運動が起きるようになっていく。全国的な反対運動に結集する動きも見られ、2010 年に京都市で２中５小を施設一体型校にまとめようとする東山開晴学園の開設計画に対して、地域住民中心で教職員組合も加わった反対運動を背景に、全国規模の交流集会（翌年の品川集会から「学校統廃合と小中一貫教育を考える全国交流集会」となる）が初めて開催された。

他方、2010 年頃から政府レベルでは小中一貫教育を後押しする新たな動向が出現していた。2010 年６月に閣議決定された「新成長戦略」は「『強い人材』——持続可能な成長を担う若年層や知的創造性（知恵）（ソフトパワー）の育成は、成長の原動力である」と改革の方向性を示し、経済産業省を中心にした特定産業成長の指定、「グローバル人材」養成の論議が活発化していく。同年結成された財務省の財政総合政策研究所「人材の育成・活用に関する研究会」は翌 2011 年の報告において「大学を頂点とする『単線型』から、義務教育終了時で職業教育に移行する経路を拡充することにより『複線型』へ移行する」と人材育成システムの意向を提起していた。東日本大震災直後の５月には、経済産業省、文科省、外務省、厚労省など関係閣僚を委員とする「グローバル人材育成推進会議」が開設され、経団連の「グローバル人材に育成に向けた提言」もほぼ同時期に公表された。そこでは大学教育の質保証に向けた「高大接続」などが提起さ

れている。

　文科省も 2011 年 6 月に中教審第 2 次振興基本計画策定部会で、「国際的な労働市場で必要とされる人材の育成」「成長分野を支える人材づくり」「人的資本」といった方向性が示され、12 月に「複線型」に向けた提案がなされている。

　ただし 2012 年 7 月に報告された中教審作業部会報告『小中連携、一貫教育に関する主な意見等の整理』においては、「教育課程の特例を、設置者判断で活用できる制度を創設すべき」としながらも、新たな学校種については「『義務教育学校（仮称）』の創設は慎重な検討が必要」とまだ前向きではなかった。

　それが「義務教育学校」の新設に大きく舵を切ることになる、「グローバル人材養成」に向けた複線型学校制度の方向性が、2012 年 11 月、自民党の教育再生実行本部「中間とりまとめ」で示される。これは 10 月の安倍自民党総裁選出直後のことであった。

　すなわち「子供の成長に応じた柔軟な教育システムへ（基本政策部会）」として、「現在の単線型ではなく、多様な選択肢（複線型）を可能とするため、6・3・3・4 制の見直しにより『平成の学制大改革』を行う」という文言が示されたのだ。その後、12 月に第 2 次安倍内閣が発足し、首相の私的諮問機関である教育再生実行会議による矢継ぎ早の改革提言が出された。提言内容は中教審での審議および答申、そして国会審議を経て法改正へ、と教育改革が急速に進められていくことになる。前年に起きた大津いじめ事件のマスコミ報道を最大限に利用して、いじめ問題への対応策であることの根拠づけが、第 1 次提言のいじめ防止対策推進基本法、第 2 次提言の道徳教育の教科化、第 3 次提言の教育委員会制度改革による首長権限の強化、まで使われた。

3．学校教育法改正、「義務教育学校」法制化へ

　そして 2014 年 7 月、第 2 次安倍政権の一つの目玉ともなる「平成の学制大改革」の中心的な制度改革として、教育再生実行会議第 5 次提言「今

後の学制等の在り方について」が公表される。

　そこでは主に学校階梯に関わる論点が提言された。「6・3・3・4制」の見直しが必要な理由として、「発達の早期化」、小1プロブレムと中1ギャップ、「グローバル化への対応やイノベーションの創出」などの必要性が挙げられ、英語教育、理数科教育、ICT教育の拡充が提起される。さらに、「産業構造の変化や技術革新」により「質の高い」職業人が求められるようになったと職業教育の必要性が挙げられる。

　具体的制度改革提言として、小中一貫校の導入以外に、「幼児教育の無償化」と義務教育期間の延長（幼児期に1年延長する）、職業高校拡充、義務教育終了後5年間の職業機関の開設、などが提起された。なかでもすでに多くの実施校が存在する小中一貫校は、義務教育年限延長などと比較すれば多くの財源を割かずに実現可能な改革であった。

　提言を受けた2014年12月の中教審答申では、9年間の課程、1人の校長、1つの教職員集団からなる「小中一貫教育学校（仮称）」が提起され、「義務教育学校」制度の原型が示された。ただし「基本的方向性」の中に以下の記載が盛り込まれた。

　　　「小中一貫教育学校（仮称）の小学校段階を終えた後、希望する場合には他の学校への転校が円滑に行えるよう配慮することも必要であり、小中一貫教育学校（仮称）の修業年限の9年間を小学校段階と中学校段階の2つの課程に区分し、6学年終了の翌年度から中学校等への入学を認めるべきである」（中央教育審議会、2014）

　私立中学校や未導入自治体、学区との接続を考えた際、6年間での区分は必要とされるものではあったが、すでに開設された約7割の施設一体型小中一貫校が「4・3・2制」を導入していた（2013年朝日新聞調査）。結果的に「義務教育学校」は前期課程6年、後期課程3年の区分で法制化されるのであるが、一部の先行自治体には不満が残るものであった。

　2015年2月の文科省による総花的な内容の「小中一貫教育等に関する実態調査」公表を経て、3月に「学校教育法の一部を改正する法律案」が

国会に上程された。国立教育政策研究所リーフレット「『中1ギャップ』の真実」が直前に発行され、「中1ギャップ」に科学的根拠がないことが指摘されていたこともあったせいか、参議院の審議では小中一貫教育のメリットとして従来言われていた「中1ギャップ」は全く言及がなかった。また「小中一貫校と非一貫校を同一条件で比較した調査はこれまでに行われていない」という、確認問い合わせに対する文科省の発言も見られた。

　結局、同年6月17日、総審議時間17時間35分を経て、衆議院で7点、参議院で8点の付帯決議を付けた上で法案は可決された。日本共産党、社会民主党、市民連合（参議院では護憲連合等）がこれに反対した。改正によって学校教育法第1条の学校種に、新たに「義務教育学校」が追加されることになった。参議院側の付帯決議には「基本原則である機会均等を確保するともに、既存の小学校及び中学校との間の序列化・エリート校化・複線化等により児童生徒の学びに格差が生じることがないように」といった内容が盛り込まれていた。

　しかし、その具体的制度内容を示す政令については当初の予定を大幅に遅れ、9か月後の2016年3月22日、新年度スタート直前にようやく公布されることになった。1週間後の開設に向けて多くの自治体では混乱があったと思われる。例えば全市で分離型の小中一貫校を導入していた東京都三鷹市では、新制度の公表を待っているのだが時間的に対応が難しい、と当時の担当者が筆者による電話インタビューに答えている（2016年1月）。

　さらに、政令に提示された内容については図表1に示すように、「義務教育学校」に準ずる制度である「小中一貫型小学校・中学校（以下、小中一貫型、と略す。）」の区分が複雑なものであった。すなわち小中一貫教育を行う基本形である「義務教育学校」は「1人の校長、1つの教員組織」からなり、「小中一貫型」は「それぞれに校長、教職員組織」を置くものであった。さらに後者は、小中同一の設置者からなる「中学校併設型小学校」「小学校併設型中学校」と、異なる設置者からなる「中学校連携型小学校、小学校連携型中学校」に区分されていた。

　この「併設型」および「連携型」の区分については、1998年に新たな

図表1　小中一貫教育に関する制度の類型

	義務教育学校	小中一貫型小学校・中学校	
		中学校併設型小学校 小学校併設型中学校	中学校連携型小学校 小学校連携型中学校
設置者	一	同一の設置者	異なる設置者
修業年限	9年 （前期課程6年＋後期課程3年）	小学校6年、中学校3年	
組織・運営	一人の校長、一つの教職員組織	それぞれの学校に校長、教職員組織 小学校と中学校における教育を一貫して施すため（にふさわしい運営の仕組みを整えることが要件） 例）①関係校長で構成するマネジメント組織を設け、学校間の総合調整を担う校長を定め、必要な権限を教育委員会から委任する ②学校運営協議会を合同で設置し、一体的な教育課程の編成に関する基本的な方針を承認する手続を明確にする ③一体的なマネジメントを可能とする観点から、小学校と中学校の管理職を含む全教職員を併任させる	中学校併設型小学校と小学校併設型中学校を参考に、適切な運営体制を整備すること
免許	原則小学校・中学校の両免許状を併有 ※当分の間は小学校免許状で前期課程、中学校免許状で後期課程の指導が可能	所属する学校の免許状を保有していること	
教育課程	・9年間の教育目標の設定 ・9年間の系統性・体系性に配慮がなされている教育課程の編成	系統性・体系性に配慮がなされている教育課程の編成	
教育課程の特例　一貫教育に必要な独自の教科等の設定	○	○	○
教育課程の特例　指導内容の入替え・移行	○	○	×
施設形態		施設一体型・施設隣接型・施設分離型	
設置基準	前期課程は小学校設置基準、後期課程は中学校設置基準を準用	小学校には小学校設置基準、中学校には中学校設置基準を適用	
標準規模	18学級以上27学級以下	小学校、中学校それぞれ12学級以上18学級以下	
通学距離	おおむね6km以内	小学校はおおむね4km以内、中学校はおおむね6km以内	
設置手続き	市町村の条例	市町村教育委員会の規則	

出典：文部科学省

図表2 教育課程の特例

	義務教育学校	併設型小学校・中学校	連携型小学校・中学校
小中一貫教科等の設定	◯	◯	◯
小学校段階及び中学校段階における各教科等の内容のうち相互に関連するものの入替え	◯	◯	×
小学校段階の指導内容の中学校段階への後送り	◯	◯	×
中学校段階の指導内容の小学校段階への前倒し	◯	◯	×
小学校段階における学年間の指導内容の後送り又は前倒し	◯	◯	×
中学校段階における学年間の指導内容の後送り又は前倒し	◯	◯	×

出典：文部科学省

学校種とされた中高一貫の「中等教育学校」に準じたものであったと思われる。中高一貫校の場合、中学の設置者が市区長村で、高校が都道府県のことが多いため、「異なる設置者」の区分が必要となる。ただし小中一貫校の場合、このタイプはかなり想定しにくいものになっている。ただし隣接する自治体が組合立で「小中一貫型」を開設するケースなどが考えられる。

　また9年間一貫した教育であることが要件とされた教育課程の特例について、図表2に見るように、「義務教育学校」と「併設型小中一貫校」の場合は、「小中一貫教科等」独自科の設定以外に、小・中学校の教育内容の「入替え」、「前倒し」、学年間での「後送り又は前倒し」が可能になるのに対し、「連携型」は独自教科の設定のみが特例となっている。すなわち品川区で見るような中学校の教育内容の小学校への「前倒し」は、「義務教育学校」もしくは「併設型」でのみ実施できるのである。

　前期課程6年、後期課程3年が小中一貫校の基本形となったことに、先行的に「4・3・2制」を導入していた自治体は失意の意向を示していた。例えば品川区をモデルに「4・3・2制」小中一貫カリキュラムを導入し

いち早く施設一体型小中一貫校を開校していた調査対象のある自治体では、そのことを理由にこの時点での「義務教育学校」化を見送った、と述べていた（2016年8月、山本インタビュー）。

　「義務教育学校」にすることのメリットには以下のようなものがある。まず第1に、財政的な優遇措置があげられる。2016年の「義務教育諸学校等の施設費の国庫負担に関する法律」の改正によって「義務教育学校」を開設した場合、新設校者および統合校舎建設費の2分の1が国庫負担の対象にされることになった。それに対して、小学校と中学校を「小中一貫型」にして、施設一体型小中一貫校校舎を新設した場合では国庫負担の対象にはならない。従来、小学校同士、中学校同士の学校統廃合が行われた統合校舎のみが国庫負担の対象となり、小中一貫校の統合校舎は対象になっていなかった。他方、老朽化した危険校舎の場合国庫負担率は3分の1のみであり、耐震工事が済んでいる場合はその対象にすらなりづらかった。かつて1950年代の昭和の大合併期、1970年代初等の過疎地対策振興政策のもとでも、統合校舎建設費の国庫負担率をあげることで学校統廃合が促されたのと同様の手法が用いられている。

　法改正後、例えば老朽化した中学校を新校舎にしたい場合、必要がないのにわざわざ近隣の小学校を巻き込んで、施設一体型の「義務教育学校」の新設を目論んでいると思われるケースも出現している。また現時点で「義務教育学校」にするか未定だが、老朽化した小学校の立地が複雑で改修工事工期が6年と長引くことが予想されるため、離れた場所の中学校と一体化して統合校舎にしてしまう、それによって老朽化した2校が一挙に新設できる、といった強引な計画すら報告されている。このケースでは小中とも統合が必要な規模の学校ではない。

　第2に、教職員定数の削減が挙げられる。校長1名、教職員集団1つの「義務教育学校」の場合、統合校数が多ければ多いほど教職員定数を少なく抑えることができる。2中学校7小学校を統合したつくば市の筑波秀峰学園の場合、統合後総教員数が約半数になった。ただし現時点で1小学校と1中学校を統合して「義務教育学校」にした場合は教員加配もあるためその数は変化がない。

　第 3 に、保護者、住民に新しいタイプの学校であることを強力にアピールすることができる。「義務教育学校」とは何か、保護者、住民にはよくわからない。例えば茨城県で、離れた場所にある小・中学校を「5・4制」の「義務教育学校」にすると同時に「小規模特認校」に認定して、特別な学校にすることで学区外からも児童生徒を集めようとするケースがあった。保護者には制度理解が難しい（どの変更がどの制度によるのかわからない）と思われたが、「新しさ」はアピールできた。また過疎地の学校を「義務教育学校」と同時に「小規模特認校」にして 9 年間一貫した特色を持たせることで、学区外から入学者を集めて存続を図るケースは他にも見られる。図表 3 の 2016 年度から 2020 年度までに開設した「義務教育学校」の一覧にも、小規模特認校にも認可されたケースが複数ある。

　さらに図表 3 から、政令公布から開設まで全く時間的余裕がなかった 2016 年度には 22 校が開設していることがわかる。小中一貫校政策を先導していた品川区の施設一体型小中一貫校 6 校がそのままスライドしたほか、多くが既設の施設一体型小中一貫校であった。他方、22 校中 10 校が単学級以下の過疎地小規模校であった。地域に学校を存続させるために、小中を統合して小規模な義務教育学校に移行する方法は当初からとられていた。最大児童生徒数は、人口急増地域のつくば市春日学園が 2,000 名超規模となったが、このような大規模校と数十人以下の小規模校に二分化される傾向が当初から見られた。「義務教育学校」は、従来の過疎地の小中併置校など小規模な学校になじみやすい制度でもあった。

　17 年度には 26 校、18 年度には 34 校、19 年度には 12 校、そして 20 年度には 32 校が開校されたが、20 年度には、過疎地の 1 小 1 中が小規模な義務教育学校になる比率が高まっている。多方、自治体の全ての小中学校を義務教育学校にまとめるケースも出現している。

図表3

2016年度に開校した義務教育学校

自治体	所在地	学校名	統合	児童生徒数	小規模特認校
北海道	斜里町	知床ウトロ学校	1小1中	79	
	中標津町	計根別学園	2小1中	130	
岩手県	大槌町	大槌学園	1小1中	652	
山形県	新庄市	萩野学園	3小1中	156	
茨城県	水戸市	国田義務教育学校	1小1中	167	○
	つくば市	春日学園	1小1中	2070（2017年度）	
千葉県	市川市	塩浜学園	1小1中	317	
東京都	品川区	品川学園	1小1中	1117	
	品川区	日野学園	1小1中	1003	
	品川区	伊藤学園	1小1中	1000	
	品川区	荏原平塚学園	1小2中	604	
	品川区	八潮学園	3小2中	799	
	品川区	豊葉の杜学園	2小2中	917	
神奈川県	横浜市	霧が丘学園	1小1中	968	
長野県	信濃町	信濃小中学校	5小1中	604	
石川県	珠洲市	宝立小中学校	1小1中	85（2020年度）	
	珠洲市	大谷小中学校	1小1中	32	
大阪府	守口市	さつき学園	1小1中	617	
兵庫県	神戸市	義務教育学校港島学園	1小1中	828	
高知県	高知市	義務教育学校行川学園	1小1中	45	○
	高知市	義務教育学校土佐山学舎	1小1中	98	○
佐賀県	大町町	小中一貫校大町ひじり学園	1小1中	517	

児童生徒数は2015年度もしくは2016年度のもの

2017 年度に開校した義務教育学校

自治体	所在地	学校名	統合	児童生徒数	小規模特認校
北海道	占冠村	占冠トマム学校	1 小 1 中	6	
福島県	郡山市	湖南小中学校	5 小 1 中	155	
栃木県	小山市	絹義務教育学校	3 小 1 中	282	
	那須塩原市	塩原小中学校	1 小 1 中	96	○
茨城県	笠間市	笠間みなみ学園	1 小 1 中	196	○
神奈川県	横浜市	西金沢学園	1 小 1 中	602	
長野県	大町市	美麻小中学校	1 小 1 中	85	
岐阜県	羽島市	桑原学園	1 小 1 中	165	
	白川村	白川郷学園	2 小 1 中	157	
三重県	津市	みさとの丘学園	3 小 1 中	286	
京都府	亀岡市	亀岡川東学園	1 小 1 中	251	
大阪府	和泉市	南松尾はつがの学園	新設	174	
和歌山県	和歌山市	伏虎義務教育学校	3 小 1 中	674	
広島県	府中市	府中学園	1 小 1 中	905	
	府中市	府中明郷学園	1 小 1 中	306	
福岡県	八女市	上陽北汭学園	6 小 2 中	182	
佐賀県	多久市	東原庠舎東部校	2 小 1 中	366	
	多久市	東原庠舎中央校	3 小 1 中	841	
	多久市	東原庠舎西渓校	2 小 1 中	298	
	玄海町	玄海みらい学園	2 小 2 中	498	
熊本県	高森町	高森東学園	1 小 1 中	40	
大分県	大分市	碩田学園	3 小 1 中	989	
鹿児島県	出水市	鶴荘学園	1 小 1 中	55	
	南さつま市	坊津学園	4 小 2 中	138	
国立					
福井県	福井市	福井大学教育学部付属義務教育学校		758	
京都府	京都市	京都教育大付属京都小中学校		895	

2018年度に開校した義務教育学校

自治体	所在地	学校名	統合	児童生徒数	小規模特認校
北海道	白糠町	庶路学園	1小1中	174	
	湧別町	芭露学園	1小1中	49	
秋田県	井川町	井川義務教育学校	1小1中	285	
宮城県	名取市	閖上小中学校	1小1中	200	
福島県	郡山市	西田学園	5小1中	290	○
茨城県	桜川市	桃山学園	2小1中	507（2019年度）	
	つくば市	秀峰筑波義務教育学校	7小2中	1100	
	つくば市	学園の森義務教育学校	春日学園義務教育学校より分離	1163	
	つくば市	みどりの学園義務教育学校	2小1中	710	
	土浦市	新治学園義務教育学校	3小1中	544	
	河内町	かわち学園	3小2中	492	
千葉県	成田市	下総みどり学園	4小1中	399	
東京都	江東区	有明西学園	新設	628	
新潟県	三条市	大崎学園	1小1中	812	
静岡県	伊豆市	土肥小中一貫校	1小1中	144	
京都府	京都市	開晴小中学校	5小2中	825	
	京都市	大原小中学校	1小1中	65	
	京都市	東山泉小中学校	3小1中	730	
	京都市	凌風学園	3小1中	726	
	京都市	宕陰小中学校	1小1中	12	
	京都市	花背小中学校	1小1中	33	
大阪府	池田市	ほそごう学園	2小1中	493	
	羽曳野市	はびきの埴生学園	1小1中	419	○
兵庫県	姫路市	白鷺小中学校	1小1中	950	
広島県	竹原市	吉名学園	1小1中	139	
鳥取県	鳥取市	湖南学園	1小1中	146	○
	鳥取市	鹿野学園	1小1中	237	○
	鳥取市	福部未来学園	1小1中	206	
島根県	松江市	八束学園	1小1中	271	○
福岡県	宗像市	大島学園	1小1中	48	
佐賀県	伊万里市	南波多郷学館	2小1中	195	
長崎県	佐世保市	浅子小中学校	1小1中	29	
	佐世保市	立黒島小中学校	1小1中	16	
熊本県	産山村	産山学園	1小1中	112	

2019 年度に開校した義務教育学校

自治体	所在地	学校名	統合	児童生徒数	小規模特認校
北海道	伊達市	大滝徳舜瞥学校	1 小 1 中	45	
埼玉県	春日部市	江戸川小中学校	2 小 1 中	190	○
愛知県	西尾市	佐久島しおさい学校	1 小 1 中	25	○
滋賀県	長浜市	余呉小中学校	1 小 1 中	168	
京都府	京都市	向島秀蓮小中学校	3 小 1 中	915	
大阪府	八尾市	高安小中学校	2 小 1 中	456	
	東大阪市	くすは縄手南校	1 小 1 中	1108	
	東大阪市	池島学園	1 小 1 中	797	
兵庫県	姫路市	四郷学園	1 小 1 中	448	
広島県	福山市	鞆の浦学園	1 小 1 中	183	
鹿児島県	薩摩川内市	東郷学園	5 小 1 中	435	
国立					
島根県	松江市	島根大学付属義務教育学校	1 小 1 中	726	

2020 年　山本が作成。児童生徒数は 2019 年度のもの。

2020 年度に開設した義務教育学校

自治体	所在地	学校名	統合	児童生徒数	小規模特認校
北海道	石狩市	厚田学園	2 小 1 中	37	
	七飯町	大沼岳陽小中学校	3 小 1 中	123	
	七飯町	大沼岳陽小中学校鈴蘭谷分校		13	
	北見市	おんねゆ学園	1 小 1 中	54	
	根室市	歯舞学園	小中併置	145	
福島県	飯舘村	いいたて希望の村学園	3 小 1 中	13	
茨城県	牛久市	おくの義務教育学校	1 小 1 中	324	○
栃木県	佐野市	あそ野学園義務教育学校	6 小 1 中	826	
東京都	八王子市	いずみの森義務教育学校	1 小 1 中	944	

神奈川県	相模原市	青和学園	2小2中	77	
長野県	根羽村	根羽学園	1小1中	38	
富山県	高岡市	国吉義務教育学校	1小1中	218	
	氷見市	西の杜学園	1小1中	144	○
愛知県	瀬戸市	にじの丘学園	5小2中	803	
	飛島村	飛島学園	1小1中	412	
滋賀県	長浜市	虎姫学園	1小1中	359	
奈良県	天川村	天川小中学校	1小1中	68	
	上北山村	北山やまゆり学園	1小1中	6	
	曽爾村	曽爾小中学校	1小1中	29	
京都府	京都市	京都京北学園	3小1中	265	
兵庫県	姫路市	豊富小中学校	1小1中	806	
	西宮市	総合教育センター付属西宮浜義務教育学校	1小1中	507	○
	養父市	関宮学園	1小1中	207	
鳥取県	鳥取市	江山学園	2小1中	227	
福岡県	八女市	矢部清流学園	1小1中	47	
	福智町	金田義務教育学校	1小1中	657	
大分県	国東市	志成学園	1小2中	287	
鹿児島県	三島村	三島硫黄島学園	1小1中	21	留学補助
	三島村	三島大里学園	小中学校	15	○
	三島村	三島片泊学園	小中学校	20	
	三島村	三島竹島学園	小中学校	7	○
私立					
	軽井沢町	軽井沢風越学園	新設	確認できず	
国立					
岐阜県	岐阜市	岐阜大学教育学部付属義務教育学校	1小1中	1039	

2020年　山本が作成

4.「地方創生」と小中一貫校（2014年〜）

　この法改正の時期に、小中一貫校を後押しする強力な動きがあった。内閣府の経済財政諮問会議が2015年に経済財政一体化改革推進委員会を結成し、12月に今後の各分野における今後の改革工程表を示している。第2章「社会資本」分野では「地方創生」政策全般が多くの省庁を担当として全面展開されたが、第3章「文教・科学技術」分野では、筆頭に置かれたのが「学校規模の最適化（すなわち学校統廃合）と業務の効率化」であった。KPI（数値目標）として「学校の小規模化の検討に着手している自治体の割合が、2018年度、3分の2、2020年度、100％と提示された。主担当府省庁として「文部科学省、都道府県、市町村」が挙げられた。これによって国の経済政策として学校統廃合が大きく位置付けられたのである。

　さらに第二次安倍政権が、いわゆるアベノミクスと呼ばれる経済政策を打ち出した中で、当初から「機動的な財政出動」の対象とされた老朽化したインフラの改修・整備などが「国土強靭化」として位置付けられていた。そして、2013年に「国家戦略特区」が打ち出され「東京など大都市の産業競争力の強化と、多国籍企業の国際経済活動の拠点形成」（久保木、2019）をめざす大規模な規制緩和政策が提起された。公設民営学校などの政策の一つに位置付けられる。

　2014年に省庁横断的な「地方創生」政策がスタートする。その柱の一つが「三大都市圏（特に東京）への人口流出を食い止め、自立した地方を形成する」とされたが、実際には国家戦略特区に認可された大都市圏の経済的優位は増し、人口や企業の東京一極集中は加速されることになった。以前2004〜05年から財界、保守系政党が中心になって、経済活動の圏域拡大再編につながる「道州制」を提起していたが、地方自治体の抵抗が強く進展してこなかった。それに対し、「地方創生」は人口減で脅しをかけて自治体に率先して公共施設を縮減させる計画策定を強いたものともいえよう。

　前述の内閣府の改革工程表では「社会資本」の章に、周辺部を切り捨てて中心部に人口をためようとする「コンパクトシティ」や、やはり駅周辺などに施設を集中させる「立地適正化」が数値目標とともに位置付けられ、活力の無くなった地域の切り捨てが進められていくことになった。

　しかし何と言っても、2014～16年度に総務省が全自治体に提出を「要請」し、2020年時点で99.9％（未策定2自治体）が提出した「公共施設等総合管理計画」は、全国で学校統廃合を強力に推進していく。

　これは、自治体が既存の全公共施設の将来的な改修費用を算定し、人口減少及び税収の変化なども鑑みて、将来的に推定される財政赤字・不足額から、あらかじめ公共施設の総量を削減させていく計画を立てさせるものである。数値目標を設定することが求められるが、それを行わない自治体も多い。計画策定期間は「30～40年」と長く置かれることが多いが、都道府県の場合はほとんどが「10年」と短期に設定されている。そして公共施設の延床面積の約4～6割を学校施設が占めることから、学校が施設削減のターゲットになってくる。

　手っ取り早く、複数の小中学校を小中一貫校にまとめ、また保育園と幼稚園を認定子ども園にまとめることで容易に延床面積の削減が実現できる。さらに小学校区は昭和の合併前の旧町村であることが多く住民自治の基礎単位でもあることから、小学校区を消滅させることで住民自治を解除し、新自由主義的地域再編の抵抗勢力を消滅させることも可能になる。

　特に平成の大合併期に合併した自治体は10年目で地方交付税減額期を迎え、旧各自治体分全額を受けてきたのが減額され、さらに15年目でプラスアルファの交付税がゼロになる。それによって財政的にひっ迫することが再編の根拠として挙げられる。

　自治体の公共施設再編に対する国による種々の財政支援が設けられ、計画が明確に政府主導で進められていることが見て取れる。財政支援には以下のようなものがある。

　第1に、公共施設解体費に地方債を充てることが初めて認められるようになった。これはさいたま市が構造改革特区を活用して先行実施し全国化された施策であり、事業費の75％まで地方債を充てられるようになった。

　第 2 に施設の「集約化・複合化」事業にかかる地方財政措置として、2015 年度から「公共施設最適化事業債」が期限付きで創設された。地方債は事業費の 90％まで充当でき、地方債の元利償還の 50％を後に交付税措置できることになった。すなわち総務省が後で補充を行ってくれるのである。

　さらに 2020 年度期限で、次段階の「最適化事業債」が創設され、多くの自治体で 2021 年 3 月の期限までに駆け込みの「複合化」を含む統廃合、小中一貫校化計画の申請をしようとする事態が出現している。

　起債の対象は、公共施設等総合管理計画に記載がある、施設の集約化・複合化事業によって延床面積が縮小されるものとされた。学校統廃合など同種の施設の場合は「集約化」として例示がされ、学校と保育園、児童館のように多種の施設の場合は「複合化」として例示が行われた。例えば現在、東京都八王子市では、老朽化した小・中学校施設を今後改修する場合は全て「複合化」した施設一体型小中一貫校にする計画が公表されている。2020 年 4 月に校舎建設工事が終了していないにもかかわらず強引に開校された施設一体型小中一貫校は、保育園、学童保育、児童館など多くの「複合」施設になっている。市教委は教育的メリットを指摘するが、施設への多様な人々の出入りに伴う安全性なども含め、教育的効果とデメリットの検証が必要であると思われる。

　埼玉県嵐山町でも、市内 4 小 2 中学校を 1 か所の施設隣接型小中一貫校にまとめる教委の計画に、さらに施設の「複合化」を加え、地方債の対象にすることが想定された。しかし、期限に間に合わせようとする教委の早急な計画化に議会から反対意見が出され、結局、町長が計画を一旦白紙に戻す事態となっている。

　第 3 に、特別交付税を付与されている自治体は、計画策定費用が全額負担されることになった。その結果、約 6 割の自治体は計画策定を全面的にコンサルタントに依頼している。一部のコンサルタントは厳しい財政緊縮、公共施設切り捨て、民営化促進の計画を策定し自治体の方向性を誘導している。あまりに強行的な計画に住民が反対運動を起こしているケースも少なくない。学校統廃合が紛争化しているケースが多く見られる。例えば岡

山県備前市では、コンサルタントの東洋大学 PPP センターのプランニングから、人口 3 万 2,000 人の市の地域性を無視して機械的な中学校 3 校統合計画が出され、市民らの反対運動によってすぐに撤回された。同コンサルタントは各地で強行な計画策定を行い、紛争化しているケースが多い。

　また、長いスパンの計画策定期間と施設縮減を前提とするため、再開発などで急速に人口が増加した地域で従来であれば教育委員会が学校を新設して対応するべきであるのに、新たな公共施設を増加することが難しくなっている事態が出現している。千葉県流山市や東京都足立区などで急増する児童・生徒数に対して大規模小中一貫校の学級数をさらに増加して「収容」させることで「一時的」な増加を乗り切ろうとしている。30 ～ 40 年後には児童生徒数が減少することが推計されるためである。1 施設の中で小中の学級数を臨機応変にできる小中一貫校制度はこのような形でも活用されている。

5．公共施設再編先進県で多くの小中一貫校計画

　公共施設等総合管理計画に基づく学校統廃合・小中一貫校化計画が多く出されている代表的な自治体として、埼玉県と岡山県が挙げられる。

　埼玉県は、公共施設解体費に公費を用いることを、「アセットマネジメント」として、さいたま市が特区申請し全国施策となった経緯から、県がサポートして公共施設再編に向けて市町村の足並みをそろえさせるような施策が取られてきた。2018 年に埼玉県市町村公共施設アセットマネジメント推進会議が結成された。さいたま市は「ハコモノ 3 原則」として、①新規整備は原則として行わない。②施設の更新は複合施設とする。③施設総量を縮減する、を掲げている。

　岡山県も 2007 年から倉敷市が率先して公共施設再編に取り組み、2012 年に岡山県 FM 連絡会議を結成して、各自治体が先行的に計画化に取り組んできた経緯がある。倉敷市 42％、備前市 40％、高梁市 41％（いずれも計画策定期間 40 年間）など多くの自治体が高い削減率の数値目標を掲げている。例えば対比的にやや消極的な長野県では、全 78 自治体中 29 自

図表4　埼玉県内自治体の小中一貫校／学校統廃合問題（全73自治体中代表的な小中一貫校開設・計画）

自治体	人口（人）	公共施設等総合管理計画	学校施設の割合	施設削減数値目標	小中一貫校／統廃合計画
さいたま市	122万	さいたま市公共施設マネジメント	51.7%	15%（60年間）	・ハコモノ3原則、改修の場合必ず「複合化」・与野本町小学校複合化・PFI・武蔵浦和駅周辺に2小1中統合により、3千人規模の義務教育学校計画。
越谷市	32万6千	越谷市公共施設等総合管理計画（2015）	54.6%	22%（40年）	大規模3小中一貫校新設計画　←市民ら反対運動
春日部市	23万7千	春日部市公共施設等総合管理計画	50.9%	（30年）	庄和地区2小1中一貫校
熊谷市	20万3千	熊谷市公共施設等マネジメント　監査法人トーマツが委託作成	51.6%	43%（40年）	大規模統廃合計画　施設「複合化」統合期限付　合併した自治体の学校がターゲット　←市民らが反対運動
戸田市	12万3千	戸田市公共施設再編プラン		（29年間）	小中一貫校2校。施設「複合化」として
鴻巣市	11万9千	鴻巣市公共施設等総合管理計画	56%	18.6%（40年）	小中一貫校含む全市的統廃合計画　←市民らが反対運動
坂戸市	10万1千	坂戸市公共施設等総合マネジメント計画		なし	2015年に県内初小中一貫校城山学園開設
久喜市	15万3千	久喜市公共施設等総合管理計画（2016）	58.5%	20%（40年）	学校統廃合、施設一体型小中一貫校計画
北本市	6万9千	北本市公共施設等総合管理計画	57.9%	50%（40年）	小中一貫校計画
毛呂山町	3万9千	毛呂山町公共施設等総合管理計画	53.8%	25%（40年）	小中一貫校（2小1中）含む統廃合計画　←市民らが反対運動
寄居町	3万6千	寄居町立地適正化計画	42%	33%（40年）	小中一貫校計画　←市民らが反対運動
嵐山町	1万9千	嵐山町公共施設等総合管理計画	59.3%	なし（毎年22億円不足）	2小3小を隣接小中1か所に施設一体型計画　←議会から疑問の声が→町長が一旦白紙に戻す
宮代町	3万4千	宮代町　2011年に東洋大学PPPセンターと共同	44.1%	55億削減（50年）	2016年に中学校統合、一部小中一貫校計画　「慎重求める」請願によりストップ

治体の計画は数値目標を掲げておらず、40％以上削減も南箕輪村のみであり（2017年8月15日信濃毎日新聞より）自治体間の温度差が見られる。

　図表4は、埼玉県で小中一貫校、統廃合計画を打ち出している主な自治体の公共施設再編計画を比較したものである。埼玉県教育委員会はすでに2014年から「小中一貫教育推進ガイド」を作成し、県内自治体に小中一貫校化を推奨してきている。

　すでに坂戸市（2015年）、春日部市（2019年、県内初の義務教育学校）などで先行的に小中一貫校が開設されている。さらに鴻巣市など、平成の大合併期に市町村合併を行った自治体では、合併した側の町の小中学校が小規模であることを根拠に、施設一体型小中一貫校化する計画が進められている。また熊谷市の公共施設削減目標は40％と高く、計画策定を民間の監査法人トーマツに委託している。トーマツはアメリカのデロイトを母体とする法人であるが、東京都立病院の独立行政法人化、東京都の学校事務の共同実施などのコンサルタントを務め、計画書を策定している。熊谷市や東京都清瀬市では教育委員会に代わって、コンサルタント職員が学校や地域で保護者や住民に直接統廃合・小中一貫校化の説明を行うなどの強硬な姿勢も報告されている。

　図表4に見るように、埼玉県の自治体は特に公共施設に占める学校施設の割合が50％超と高めであることが多く、今回削減のターゲットにされている。全国の中でも平成の合併期に市町村合併に応じなかった自治体が多いことも埼玉県の特徴であったが、現時点では小中一貫校・学校統廃合が積極的に計画・実施されていることがわかる。

6．文科省学校、統廃合の「手引き」の複合的な性格

　「地方創生」がすでに開始されていた2015年1月、文科省による58年ぶりの学校統廃合の「手引き」である「公立小学校・中学校の適正規模・適正配置等に関する手引き　〜少子化に対応した活力ある学校づくりに向けて〜」が公表された。

　そこには、「適正規模化」すなわち学校統廃合に際して「首長部局との

緊密な連携による検討」などとともに、前述の総務省の「公共施設等総合管理計画」や、2014年に各都道府県に策定することが「努力義務」とされた「都道府県まち・ひと・しごと創生総合戦略」との「調整を図る」ことが重要であるとの記載が見られる。しかし実際は、前述のような背景により、公共施設再編計画や自治体の「総合戦略」、そして首長の意向がむしろ教育行政部局の学校統廃合計画を先導するような事態が出現している。さらに、「まちづくり総合計画の一環として統合が行われる場合、児童福祉施設、社会福祉施設、役場施設等と学校施設との複合化を検討する」と、公共施設再編で財政誘導される「複合化」も対応策とされている。

　内容的には「手引き」の冒頭から、教育学的には俗説である「切磋琢磨」が多く用いられ（切磋琢磨できる環境で、クラス同士が切磋琢磨、教員同士が切磋琢磨など）また新学習指導要領にある「新しい学び」も一定人数が必要な「根拠」として挙げられている。

　すでに1973年の文部省通達により、小規模校は教育的効果が低いというわけではなく機械的な統廃合は避けるべきである、と確認されているにもかかわらず、また同通達について冒頭で紹介されているのだが、「手引き」は学級数および児童・生徒数を極めて厳格に細かく統合基準とする内容になっている。教育学的な根拠のない「標準学級数」である「12〜18学級」を挙げた上で、「学級数に加え、1学級当りの児童生徒数や学校全体の児童生徒数、それらの将来推計などの観点も合わせて総合的な検討を行うことが求められる」としている。おそらく実際に「手引き」で現場に影響が大きかったのは、そのような「（クラス替えができない）単学級以下校、特に複式学級を有する学校の統廃合の適否を速やかに検討する」とする基準設定と、従来の統合基準の距離規定に加えて「（スクールバス等交通機関を用いて）おおむね1時間以内」と時間規定を加えた点であろう。

　このようなスタンスを財務省はかねてからとっており、財政負担軽減を理由として「11学級以下校」を「小規模校」とした上で統廃合を要請してきた。2019年にも「11学級以下の小規模校については『統合による解消』を進める」ことを柱とする教育・科学分野の提言案を財政制度審議会に提出している。「小規模校については競い合って成長する機会が乏しい

上に教職員一人当たりの校務負担が重くなりやすい」と“教育的”根拠を挙げた上で、「小規模校は全国で5割前後に上る反面、地理的要因のため統合が困難なケースは多くない」と苦言を呈している。

「手引き」にあるような学級数と児童生徒数の二重基準を課した厳しい統廃合計画は、東京都足立区などで典型的に見られるものでもある（たとえ12学級あっても児童・生徒数が基準に達していないと統合対象になる）。手引き作成協力者5名のうち教育学者、葉養正明が同区の教育委員に就任後計画が作成されている。

小中一貫教育については、統合に伴う「魅力的なカリキュラム作り」の一例としてあげられる。さらに「小規模校のデメリット緩和策」として「小中一貫教育の導入により、小学校段階・中学校段階全体として一転の集団規模を確保する」と記載されている。前述のように実際に多くの小規模な「義務教育学校」はそのようなケースとなっている。他方、小中一貫校が「31学級以上の過大規模校」になることに注意する記載もあるが、実際には一部地域で出現している50〜60学級以上の学校に対する是正措置や指導等が行われているわけではない。

7．対抗軸、つくば市のケース

このように教育学的な検証が不十分なまま、政策的に小中一貫校、実質的な統廃合が進められてきたわけであるが、自治体によってはその方針を転換したケースも出現している。

茨城県つくば市における小中一貫校導入の背景には、2005年につくばエクスプレスが開通し、急速な人口増加を迎えた研究学園地区の人口増問題に対応した学校再編計画があった。2004年から3期続いた市原健一市長と柿沼宜夫教育長（前職）のもと「教育日本一」を掲げ、統廃合計画とセットで小中一貫校計画が進められてきた。特に2007〜08年にトップダウンで周辺部の学校および新設校の小中併設（合築）方針が決定され、タイミングよく2008年度から文科省が教育課程特例校制度を開始したことから、特区にならずに小中一貫教育を導入することができた。

　2009 年に公表された「つくば市学校等適正配置計画書」は 2028 年まで
を第 1 〜 4 期に分けた大規模な統廃合計画であり、統合対象校公表ととも
に 5 校の施設一体型小中一貫校計画が提起された。2012 年、市内全校に
「4・3・2 制」の一貫教育を導入し、小・中学校セットにした「学園」
制の導入などを行った。また独自教科である「つくばスタイル科」は、現
在は市から撤退したインテル社、筑波大学、市の三者連携事業として「産
官学の連携による先端的なまちづくり」を掲げた。当初から教委は学園の
「学力」が高いことをアピールし、さらにそれが小中一貫教育の成果であ
ると公表してきたが、実際にはそれが小中一貫教育自体の成果であるのか
検証が十分ではなかった。

　2012 年にモデル校として開設された施設一体型小中一貫校、春日小中
学校（2016 年より義務教育学校春日学園に移行する）は、2017 年度には
児童生徒数 2,070 名（1 年生 9 クラス）と日本最大規模の「義務教育学
校」となる。当初、市教委は春日小中学校開設に伴い、学区に以前から
あって校舎が老朽化した葛城小を春日小中学校に吸収・合併することを計
画していたが、地域、保護者の抵抗で断念する。そこで教委は両小学校の
通学区域を弾力化させ、保護者に春日小中学校を「選択」させる方策を
とったが地域の反対は強く、葛城小と廃校にすることはできなかった。し
かし、保護者が希望すれば通学区域を「選択」できる慣行は残った。結果
的にその後の急激な人口流入に対して、小学校を核として学区を基礎に地
域コミュニティを形成していく施策がとられなくなった。この点はその後
のまちづくりの大きな障害となっていったと思われる。

　2013 年、「つくば市学校等適正配置計画（指針）」を見直し、旧筑波町
である筑波地区東地区、及び市街地のみどりの地区における施設一体型小
中一貫校開設の時期を 2024 〜 28 年度から 2017 年度に早める計画が教委
から出された。それに対して筑波地区全区長 58 名の連名で、筑波西中学
校区と筑波東中学校区を統合し、2 中学校 7 小学校と全国で最大校数を一
度に統合する施設一体型小中一貫校を望む要望書が提出された。その背景
には、東地区で新設校が完成した後、老朽化した西地区の校舎の整備が当
分望めないといった地域住民の不安があったことが指摘される。他方、保

護者らからは大規模統廃合に反対要望も出され、その後も運動が継続されることになった。しかし統廃合を進めたい市側は、全校統合案を採択してしまった。

　その後2016年から新市長となった五十嵐立青によって、筑波大学名誉教授の教育社会学者、門脇厚司が教育長に任命され、小中一貫校、統廃合政策の方針の検証と見直しが開始された。ただし、前教育長の下で決定された、旧筑波町全体を学区とする筑波秀峰学園はすでに工事に着手されていたため、2018年に開校された。広域の学区にスクールバス20台を使用した通学が行われ、児童生徒の集団づくりに多くの課題があることが明らかになっていく。またコロナ禍で感染を懸念し、バス通学に対する改善要求も保護者から出されている。

　2018年4月には、やはり前市長のもと決定されていた2校の義務教育学校も開設されて、過大規模、過密校になっていた春日学園の児童・生徒は分割されることになった。しかしそこでも従来の市の方針に沿って入学・転校には保護者の「選択」を重視せざるを得ず、両校ともに学区外通学が多く出現した。

　門脇教育長のもと招聘された小中一貫教育検証委員会の2年間にわたる検証の結果、施設一体型小中一貫校には多くの課題があることが判明した。例えばアンケート調査とヒアリング調査などから、施設一体型小中一貫校6年生の対教師・対友人関係などにネガティブな結果が出る「6年生問題」が明らかにされた。2019年12月、門脇教育長は3年の任期を終える直前に、つくば市教育振興基本計画策定委員会に「素案」を提出している。そこには以下のような記載が含まれていた。

　　5）小中一貫教育の全校実施を改める。

　　6）義務教育学校の新設はしない。

　　7）学校の新設に当っては、小学校と中学校の分離を原則とし、適正規模の保持を厳守する。

　　8）義務教育学校は、小学部と中学部それぞれの特性を生かした教育を行う。（門脇厚司　つくば市教育振興基本計画検討委員会（第

１回）素案メモ、2019年12月）

　そこには、政策主導で進められてきた小中一貫教育、実質的統廃合である小中一貫校政策からの、教育学的根拠を示した上での方針転換が示されている。教育学的効果やデメリットの十分な検証なしに導入された制度に対して、教育学的あるいは心理学的な検証が行われることは極めて有効である。しかし同市では、すでに小中一貫校の学校建設を開始してしまった場合の方針変更の困難さも示されている。

8．まとめに

　小中一貫教育、小中一貫校制度が拡大してきた３つの段階を確認してみた。当初は、たとえアリバイ的にでも「教育学的」あるいは「心理学的」根拠を伴いながら提起されてきた小中一貫教育であるが、第２次安倍政権の「グローバル人材」養成に向けた「複線化」のもとで政策的に「義務教育学校」制度化というバージョンアップを見た後、さらに総務省の「地方創生」政策のもとでは、財政誘導も伴いながら異なったものに変貌していることが見て取れる。自治体は根拠としての「小中一貫カリキュラム」を検討するのではなく、むしろ公共施設の削減、予算削減、ハコモノ主義、といった点に集中することが顕著になっている。

　当初は「中１ギャップ」「発達の早期化」を挙げていた自治体も、根拠が明らかでないため、近年では小・中で「スタンダード」を揃えるといったあいまいな理由を用いるケースが目立っている。最初に小中一貫教育校を開設した呉市も根拠を転換した典型例といえよう。さらに極端なケースとして、2020年に統廃合、小中一貫校計画を公表した東京都清瀬市では、教育委員会が諮問を求めた適正規模・適正配置検討委員会の長期にわたる会議の中で、小中一貫教育の中身については一切審議されなかった。当初から公共施設再編のコンサルタントが施設「複合化」などの説明を行い、「小中一貫化というのは全国で進んでいるので、その辺の良さ悪さ、その辺りを見定めてから導入するとなれば進めていこう」といった委員の発言

があるのみで、その中身は審議されることなく、いきなり計画の中で特定校の小中一貫校化が打ち出されている。

　逆に言えば、実証に裏付けられた科学的根拠を対峙させていくことが、対抗軸の形成につながるといえよう。実際に保護者、住民の運動によって小中一貫校計画を阻止しているのは、当事者の保護者が学習によって行政の宣伝に流されずに確信を持って運動に取り組めたケースが圧倒的に多い。一般に新自由主義教育改革は事実に基づかない効果を宣伝して進められるため、当事者の教育行政も実証的批判にもろい側面を持っているからだ。そのような意味で、本研究における心理学調査の検証結果が持つ意義は非常に大きいといえるだろう。

引用・参考文献

中央教育審議会（2005）「新しい時代の義務教育を創造する」（答申）

中央教育審議会（2014）「子供の発達や学習者の意欲・能力等に応じた柔軟かつ効果的な教育システムの構築について」（答申）

久保木匡介（2018）「なぜ今、公共施設の再編なのか」安達智則・山本由美編著『学校が消える　公共施設の縮小に立ち向かう』旬報社

御代田桜子、山本由美（2018）「全国で進む学校、子育て施設の統廃合」安達・山本前掲書

文部科学省小中一貫教育制度研究会編著（2016）『Q & A 小中一貫教育——改正学校教育法に基づく取組のポイント』ぎょうせい

山本由美編著（2010）『小中一貫教育を検証する』花伝社

山本由美（2014）『教育改革はアメリカの失敗を追いかける——学力テスト、小中一貫、学校統廃合の全体像』花伝社

佐貫浩・藤本文朗・山本由美編著（2011）『これでいいのか小中一貫校——その理論と課題』新日本出版社

森裕之（2016）『公共施設の再編を問う——「地方創生」下の統廃合・再配置』自治体研究社

中山徹（2017）『人口減少と公共施設の展望——「公共施設等総合管理計画」への対応』自治体研究社

第2章　東京・品川区の施設一体型小中一貫校（義務教育学校）の教育の批判的検証

佐貫　浩

　本章では、東京・品川区の 20 年間の「教育改革」の結果とその本質を検討する。その中心は学校選択制と小中一貫校の設置であった。しかし 20 年を経た現在、それは、品川の学校に無理や矛盾を押しつけ、子どもたちのストレスを拡大し、教育をめぐる格差を拡大し、学力競争をさらに激化させるものであった。その経過と実態を検討したい。

1．品川区教育改革「プラン 21」とは何か

　若月教育長（1994 年より、品川区教育委員会指導課長、1999 年〜 2013 年品川区教育長）と濱野区長（2006 年から、2021 年現在 4 期目）の主導の下で推進された「品川区教育改革プラン 21」とはなんであったのか。結論的に言えば、トップ（教育長と区長）のリーダーシップを極限にまで強化し、上からの強引な新自由主義教育改革を推進することであった。

　第 1 に、首長と教育長の独断的リーダーシップによって、品川の学校教育制度を一挙に改変するという権力的命令の仕組みを、学校教育行政に実現することであった。

　第 2 に、この教育改革の最大の目標として「学校選択制」と「小中一貫教育」が掲げられ、新たに始まった教育改革での「規制緩和」を利用して、全国の先頭を切って推進された。

　第 3 に、自治体の教育行政の手法として学力テスト（品川の場合「学力定着度調査」、以下「学テ」）の達成度を競わせ、「教育改革」に PDCA と目標管理システムを取り入れた。

　第4に、「規制緩和」策としての「特区制度」を利用しつつ、学校教育内容を、区長や教育長の思惑に沿って、新自由主義や国家主義的な方向で改変していくという、教育内容を権力的に改変する新たな「教育改革」手法に先鞭をつけるものであった。

⑴ 若月秀夫、吉村潔、藤森克彦『品川区の「教育改革」　何がどう変わったか』（明治図書、2008 年）に見る品川の教育改革の本質

　品川の「教育改革プラン21」は、「教育改革は戦争だ」という戦闘的な姿勢で提起された。戦後民主主義に基づく教育に組み込まれているとする３つの問題性——①教育の機会均等や結果の平等を権利として求め、教育における競争を否定、②「自由や権利」の絶対化、「公共の利益」や「社会的責任と義務」を軽視、③国家を権力機関として批判し、国家と個人の対立を演出し、「日本人としての自覚と誇り」、「国民としての義務」を軽視——を克服すると宣言し、この「本質的根本的な枠組みを変え」る「ウォー」（戦争）だと宣戦布告した（「　」内はこの著作の文章）。

　それは、「競争を否定し、現実社会を見ようとしない風潮」を打破するため、「教師としての『あるべき論』や教師の『育成論』を訴える代わりに、『経営論』で授業や教師の意識を変え」るとした。それは、「どんな批判を受けても学校からアイデアが出てくるまでトップダウンで学校をひっぱ」り（22 頁）、同時に改革の達成を「定量化」して実現させるという目標管理の手法であり、「本区の学力定着度調査は、実は『教員の指導力調査』であり」「『改善せざるを得ない仕組みを学校の中に作り出す』」（76 頁、傍点は引用者）ものだとした。

　かくして品川の教育改革は、①教育改革手法としての目標管理、②それに不可欠のものとして「学テ」を利用する、③自治体の全域で大規模に実施される学校選択制、④これまた自治体全体で大規模に行われる施設一体型小中一貫学校の設置、⑤自治体としての独自教科の設置、教科書の作成、独自の「小中一貫カリキュラム」の編成・実施を大規模に展開する、過去に例のない自治体「教育改革」として展開することになった。

　この品川の教育改革が、日本の新自由主義的な教育改革の新しい段階を、

特に次の三点で、先頭を切って切り拓いたものであったことをあらためて指摘しておきたい。第1は学校選択制である。しかしこの点は後述する。

　第2は、学力テストである。2002年に「学力調査問題作成委員会」を設置し、2003年1月には、小5、中2にそれを実施した。1976年最高裁学テ判決は「本件学力調査における生徒に対する試験という方法が、あくまでも生徒の一般的な学力の程度を把握するためのものであつて、個々の生徒の成績評価を目的とするものではなく、教育活動そのものとは性格を異にするものである」という限定において、「違法」ではないとした。しかし品川の学テは、「本区の学力定着度調査は、実は『教員の指導力調査』であり、学校選択のために保護者に情報提供するというより、『改善せざるを得ない仕組みを学校の中に作り出す』」（傍点引用者）という、学校教育をこの学テで改変するという目的を公言した、学テ判決から見ても明白に違法なものであった。

　第3に、品川の独自教科として設定された「市民科」である。今「市民科」は教科「道徳」の代替科目と位置づけられている。教科道徳の設置は国会の議論においても大問題となった件である。にもかかわらず、品川区は、この教科「道徳」を市民科という名前で、2006年には実施してしまったのである。一自治体が、ほとんど議論もなしに、首長と教育行政（実質は教育長）の独断によって新たな教科（いわば道徳科）を作成し、それが学校教育の公的な内容として、教科書を伴って実施されるという恐ろしい事態——積み上げられてきた教育の自由の仕組みが一挙に捨て去られて、権力が教科、その内容、教科書を直接作成して学校現場で使用を義務づけてしまうという「規制緩和」が実施されたのである [注1]。そして若月教育長等の独特の理念——戦後民主主義の教育は「自由や権利」を絶対化して、「公共の利益」を軽視し、「社会的責任と義務」を軽視してきたという批判——に基づく教育内容が「市民科」として学校に強制されたのである。地方独自の教育内容や教育改革においても、教育の自由を確保するための制度的仕組みが不可欠である。それをまったく無視し、独断的な内容や教科書を検定制度や採択（選択）の余地もなく、強権的に実施した。これは日本の戦後の教育行政史上において、暴挙と言うべきものである。

⑵ 『検証　教育改革』（教育出版、2009 年）は何を検証したのか

　このような乱暴な教育の自由を破壊する「教育改革」に、教育研究者の一部が賛同をよせたということもまた残念な事態であった。

　小川正人氏（当時の所属は放送大学、専門は教育行政学）を代表とする品川区教育政策研究会が出版した『検証　教育改革』（教育出版、2009年）は、東京大学などの教育学研究科の大学院生等を組織した研究の結論として、この強権的な改革に対して大枠で、積極的な評価をあたえ「『トップダウン』型行政手法は一概に否定されるものではない」（2頁）、「教師とその専門性への厚い信頼を基調としているものであることを感じ取った」（ⅳ頁）などと評価したのである。しかし、小中一貫教育が教職員も住民もほとんどその内容を知らないままに実施が強行されたとか、巨大な施設一体型の小中一貫校が、相当規模の学校統廃合を含んで一挙に設置されてしまったとか、学校選択制も住民の声を聴く間もなく実施されてしまったとかいうことは、教育改革の民主主義を欠いたものであり、それを正当化できるものではない。少なくともそこには、教育改革をめぐる民主主義的合意の手続きが必要ではないのかという、教育行政学にとっての一番基本の課題が、「検証」されていないのである。

　以下二点について、この「検証」の問題点を見ておきたい。

1 ）学校選択制について
2010 年段階での学校選択の現状と問題点

　品川区の学校選択制に対する批判について、「検証グループ」は、「そうした批判の多くは一部の保護者、教員からのヒアリングや憶測等からなされているもので、必ずしも実証的データにもとづくものではない」として斬り捨てた。そして学校選択制を積極的なものと評価した。2010 年の私の著書『品川の学校で何が起こっているのか』（花伝社）で提示したような品川の学校選択の顕著な矛盾が生まれていたにもかかわらず、検討対象にしなかった。次のような問題である。

①生徒の住民登録地区からの脱出──学校選択で品川区では、地元学区から離脱している児童生徒割合は、小学校段階 40.3％（公立小学校入学者

の内の38.3％、それとは別の私立・国立学校進学は住民登録者数の5.0％）、中学校段階54.3％（区立公立中への進学者の44.0％、私立・国立選択は住民登録者の26.7％）となっている。これは平均値で、小学校で地元登録者の65％以上転出（私学も含む）が38校中6校、中学で16校中5校となっている。

②その地区に根ざした学校という性格の薄れ——その結果、地元の住民登録生徒がその学区内の学校に通う割合は、小学校52.9％、中学校39.3％。その数値は平均値であり、小学校で38校中6校、中学で16校中6校で、地元学区残留率が30％以下となっている。

③学校選択による生徒数の格差化の拡大——学校選択で生徒数が大きく変動した。2003年には前年と比べて入学者数が、中学18校中6校で30人以上増加ないし減少し、学校計画にも大きな不安定性が生まれ、いったん増加や減少があると、その傾向は長期に継続し、学校間の生徒数の格差を拡大する機能をもっているという現象が展開した。

2020年段階における学校選択制の現状

　2020年時点での品川区の学校選択の現状を示しておこう。その実態は中学校において特に大きな特徴を示している。

　その特徴を整理して示しておこう。

①全体として私立国立等進学割合が非常に高い。日野学園の学区では住民登録生徒の71％に相当する。率が特に高いのは義務教育学校の日野、品川（48.8％）、伊藤（43.7％）の学区で、7校が40％を超えている。

②公立学校選択と私立・国立等選択によって、品川区の平均で64.7％が、学区外に脱出している。

③その学区に住民登録している生徒のうち、その学区の中学に進学するのは平均で35.3％である。日野学園の学区では16.7％、10校が40％以下である。

④品川区の各中学に通う生徒のうち、その学区に住民登録している生徒の割合は平均で55.9％。少ない順では、24.6／33.6／47.1／47.5／53.0……となっている。

図2−1　中学校の学校選択グラフ

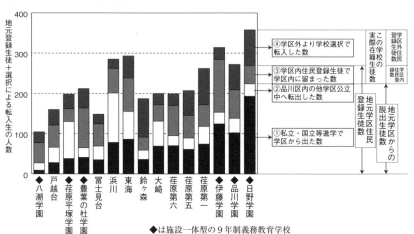

◆は施設一体型の9年制義務教育学校

（注）この中の学校選択（私立・国立等選択を含む）の変化は、2020年3月における選択だけで作られたのではなく、小学校入学時に私立へ出るというような過去の経過も含んだ変化で、現時点で、その学区に住民登録している生徒が今（中学入学時に）どこにいるかという数字である。品川の義務教育学校選択では、例えば、小学校の時にすでに義務教育学校に組み込まれている一つの学校（日野学園であれば旧日野第二小学校）と、別の小学校（日野学園では第一日野と第三日野）の卒業生が日野学園中学校課程が地元学区となる。そしてそこの小学校の卒業生のかなりの数が、私学に出るというような形も加わる。日野学園では、そういう複雑な過程を経て、結果として、住民登録している生徒の7割が中1の段階では私学等に出ているという結果になる。現時点では、品川は、私学に出る生徒がとても多く、この親の戦略で小学校が順位づけられ選択されるような事態が生まれている。これらの数値は品川区教育委員会作成のデータである。なお、品川区の数値データでの選択の区分の転入と転出の詳しい区分はここでは略している。

　これらの結果から言えることは、品川の学校選択制度は、ますます地域と学校の関係を分断し、地元の学校という観念も希薄化し、かなりの親が中学入学段階で私学受験に成功するために、どの小学校に入ったらよいかを中心に考えて小学校を選ぶようになっていること、生徒の過半数が6年生卒業時に私立中学等へ進学するような小学校がいくつか存在しているというような、顕著な特徴が見られるようになっている。小中一貫教育を掲げた施設一体型義務教育学校はそういうなかで、授業時間数が増やされていることなどが、私立中学受験型の教育により近いものとして受け止められ歓迎されている側面もあるように思われる。そしてそこに学ぶ生徒の多くが6年生卒業時に大幅に私立中学へと抜けていくという実態がある。小学校と中学校教育とが一つの場所で繋がっていくという「建前」はほとん

ど成り立たないような状態に陥っている。

　なお、品川区は、2020 年度からは小学校段階では、今まで、ブロック内からの選択（義務教育学校は区内全域から）が可能であったのを、通学区域の隣接校から選べるように選択の範囲を縮小しつつあり、何らかの見直しをせざるを得ない状況に置かれている。

２）「学力定着度調査」について

　「検証」チームは、「品川区の学力調査は、各学校での学力診断を学校経営と授業の改善に直接結びつけるために、その結果の活用をしているという点で、国内で最も早くから実施されたものとして評価されるべきもの」（78 頁）だとし、さらに「改善」として、学力定着度調査に「教師の指導状況調査と校長の学校経営状況調査を加えて同時に実施」し、「PDCA サイクルの定着」（82 頁）を提案していた。そしてこの「項」の執筆者（田中博之筑波大学大学院教授）は、「『品川が変われば、日本が変わる』という実感をもたらすものであった」と感激すらしているのである。

　また、「検証」チームを理論的に支えた黒崎勲氏は、「品川区教育委員会が話題を投げかけた学力定着度調査の実施と学校毎の公表という問題」（178 頁）は、「学校を建て直すための特別な検討の開始であり、それにもとづく具体的な支援措置」であり、「『資本主義経済の競争原理とは全く逆のことをした』（若月氏の言葉）」（176 頁）のであり、「最終的に公立学校としての学力の保障に責任を持つ学校の体制、文化の確立」を目指した「特色作りと学校の選択制度」（179 頁）であったと評価する[注2]。

　若月氏もまた、このテスト結果を学校選択で利用しようとする人がいるとすれば「その人の民意の低さ」なのであり、「学校が何をどうしようとしているのかをこそ見なければならないのだ」（179 頁）と、学力指標で学校選択をしようとする「低い民意」の側を批判してみせるのである。

　しかし「学校を建て直すための特別な」支援が功を奏したという証拠はどこにも見当たらない。学校選択では、「学力」の高い低いで学校を選ぶという傾向が強く出ることはいくつかの調査で明確になっている[注3]。

3）各種のアンケート調査分析について

　実施されたアンケート調査は、①品川区教育委員会の実施した調査、②東大グループと品川区教育委員会の共同調査、③品川区教育委員会が毎年行っている保護者調査である。従って、この調査は、改革主体と調査主体が重なり、回収も教育行政ルートを使っていると見てよい。

　しかし、教育長自体が改革の「戦争」を教員に対して仕掛けると公言しているなかで、そのトップダウンを徹底する行政ルートで調査を行うということは、アンケート自体の客観性を大きく奪う可能性がある。そんな調査でも、管理職層は「学校選択の有効性」、「学力定着度調査の有効性」、「小中一貫教育の有効性」に、93.7％、96.5％、96.5％がプラス評価し、教諭は25％、34.4％、34.4％に止まるという非常に明確な「差」が出ている。ここからは、むしろ管理職層によって改革に一般の教諭が動員されようとしている構図が浮かんでくる。そういう教育改革を「教師とその専門性への厚い信頼を基調としている」とどうして言い切れるのだろう。

2．施設一体型小中一貫校について──品川にそくして

　品川の教育改革の大きな特徴は、学校選択制度と連携させつつ、全体として大規模で過密な6校の施設一体型小中一貫校を設置したことであった。

　小中一貫教育とは何を指すのかにおいて、多様な言葉が使われているために、議論を的確に進めるには、その概念を明確にしておく必要がある。その基本的な区分は、山本論文114頁の区分表によって確認いただきたい。

　簡単に補足しておく。小中一貫教育は、①義務教育学校、②小中一貫型小学校・中学校（設置主体が同じ場合は連携型一貫校、設置主体が異なる場合は併置型一貫校とされる）、③普通の独立した小学校と中学校の間の協力を強める形の一貫教育、の三種類で実施されている。この義務教育学校と小中一貫型小学校・中学校の施設形態を見ると、それぞれに①施設一体型、②施設隣接型、③施設分離型がある。

　一般的に言って、小学校と中学校とのつながりや教育をめぐる協同を強めることは、誰も否定できない課題である。その課題に取り組む教育を小

中一貫教育と呼ぶとすれば、それはどこでも取り組むべき課題となる。その具体的な内容は、①小学校と中学校教育との関連性をより有効にしていく協議、カリキュラムのつながりの工夫や改善、②小学生と中学生との一定の交流や行事などの協同、③地域の特性などと関連して、指導目標などの連携を強めることなどだろう。しかしそれに止まらず、施設を一体にして、小学1年生から中学3年生までの9年間の教育を一つの校地ですすめるという施設一体型小中一貫校の教育がある。品川区の小中一貫教育は、この施設一体型の小中一貫校教育として、六校のデラックスな一体型校舎を建設することで開始され、それらは2016年に義務教育学校となった。それは、小中一貫教育の重要な目的が、大規模な学校統廃合にあったという経過を反映している。だから、品川の小中一貫教育改革の中心的狙いは、1年生から9年生を一つの学校、一つの施設に集めて教育する新しい学校の設置にこそあった。そしてそれが学校統廃合の格好の仕組みとなったが故に、一挙に強引に実施され、深刻な矛盾や問題点が生まれた。品川の小中一貫教育は、この施設一体型一貫校の設置にこそ中心目的があったのである。

　表2-1は、小中一貫教育の名のもとに進められている学校改革の中で、施設一体型一貫校はどのくらいを占めているかを文科省資料で示したもの

表2-1　小中一貫学校・義務教育学校の施設設置形態の区分

2017年度設置数（含・予定）		設置者数	設置数	施設形態	
義務教育学校 48校		2国立大学	2校	施設一体型 施設隣接型	1校 1校
		23都道府県35 市区町村	46校	施設一体型 施設隣接型 施設分離型	40校 5校 1校
小中一貫型小学校・中学校 253件	設型 253件	1国立大学	1件	施設隣接型	1件
		37都道府県84 市区町村	246件	施設一体型 施設隣接型 施設分離型	63件 28件 155件
		6学校法人	6件	施設一体型 施設隣接型	3件 3件
	連携型	0	0件		

（「文部科学白書2018年版」による）

である。それは、2017年度では107校となっている。

⑴ 施設一体型一貫校の設置による大規模な学校統廃合

　まず確認しておくべきことは、品川区においては、施設からみれば、横の統廃合（小学校間、中学校間）と縦の統廃合（小学校と中学校間）が同時に進められ、18の小学校と中学校が全体としては大規模な6校の施設一体型小中一貫校へと統廃合・再編された。そして、それまでの18校の校地の実に半分の校地が、特養ホーム、保育園、グループホームなどに転用され、学校の校地としては使用されなくなった。一挙に統廃合を実現し、新たな活用地まで生み出す「教育改革」となったのである。

⑵ 施設一体型小中一貫教育の「メリット」「デメリット」の検討

　では、新たに創設された小中一貫学校ではどんな教育が展開されたのか。

1）「中1プロブレム」の克服という理由付けの破綻

　この点についてはいくつかの批判視点が共有されつつあると思われる。

　第1に、国立教育政策研究所（国研）の「生徒指導リーフ」は、そもそも中1プロブレムには証拠がなく「科学的に裏付けられたものではありません」という研究結果を示していた[注4]。

　第2は私たちの科研研究の心理学グループの調査結果である。それは、施設一体型にすると、小学生のコンピテンシーが下がる（第1回調査）、レジリエンスで6年生が下がる（第2回調査）、リーダーシップ下がる（第3回調査）という傾向がうかがえ、小学5・6年生に問題が現れるのではないかということを示唆している（本書第Ⅰ部参照）。

　第3に、根本的な問題として、じつは中学における受験対応型の学力競争性格がより強い教育が、小学校5・6年生段階にまで降りてしまい、子どもたちのストレスを高め、問題行動や不登校やいじめなどを多発させるのではないかということである。そしてそれは実は以前から、子どもたちが生きている中学校文化と小学校文化とのギャップとして自覚されていたことであり、中学の詰め込み教育で落ちこぼれ（落ちこぼし）が拡大する

ということにも端的に示されていたことである^{（注5）}。「中1プロブレム」[注5]
ではなく、「中学プロブレム」とも言うべき中学校教育の体質に組み込ま
れた困難こそが、問題だと見るべきであろう。一貫教育を根拠に、小学校
の5・6年生にまで教科担任制や期末テストや一部の中学のカリキュラム
を引き降ろすことは、この「中学プロブレム」とそのストレスを小学校に
まで引き下ろすものとなる可能性が高いといわざるを得ないのである。

2）発達論、思春期論と発達段階区分、教科担任制、異年齢交流

　思春期とは、子どもが自ら規範を作り出し、それに依拠して仲間との関
係を構築していく発達の時期の始まりを意味する。小学4～6年は、その
最初の時期（思春期前期）に当たる。渡邉弥生『子どもの「10歳の壁」
とは何か？』（光文社新書、2011年）は、思春期、特に9～10歳の発達
の特性について多くの研究を参照しつつ次のように指摘している。
①思春期において「具体的操作期から形式的操作期へ」の移行が進む――
「記号での比較や仮設、論理的思考実験が可能になるのは11歳以降」（96
頁）
②自己意識、自己認識の新たな段階への発達――「自分に対しても、他人
から見るような視点の取り方ができるようになり、自分のだめなところを
客観的に見られるようにな」り、「時には、劣等感が強まり自尊心が下が」
る（90頁）。内言の確立に伴って、「自分を対象化して、自分自身とトー
クできる」ようになり、いわゆる「もうひとりの自分」を形成していくと
も言われている（122-123頁）。
③「友だち関係」と道徳性の発達における特徴――「親の言うことに従う
べきだという考えが弱まり、友達との友情が強くなる時期」。「友達の目が
気になる時期」（156頁）。「他律から自律へ――『規則は変えられる』と
感じ始める9、10歳」（166頁）。「大人への一方的な尊敬から、"仲間同士
の相互の尊敬"に基づくようになる」（166頁）。「自分以外の人の立場に
立てるようになり、自分と親しい人だけではなく、しだいに、第三者や集
団、社会といった視点も理解できるようにな」る。だから「役割取得能力
を育てることが必要です。自分の視点や立場だけではなく、他の人の視点

や立場に立つ練習です。」（211-212頁）(注6)

　これらの指摘を踏まえるならば、小学生の4〜6年生（9〜11歳）という発達段階は、それにふさわしい丁寧な指導と教育課題を必要とすることが見えてくる。

　それは、第1に、具体的思考から形式的思考（抽象的思考、概念的思考）への発展を支えるような指導、第2に、自分たちの規範や価値観に依拠しつつ、自治主体として共同を実現するための経験を積み上げていくことへの丁寧な指導である。6年制の小学校は、そういう課題に応えるために、各種の行事に6年生が中心になって取り組んだり、卒業に向けて作品や記録を作成したり、各種の委員会やクラブ活動のリーダーを担ったりするなどの仕組みをもつ制度として機能してきたとみることができる。第3に、そういう新しい発達課題に初めて挑戦することができるようにするため、個々の子どもや関係性についての系統的観察と指導ができる学級担任制のもとでの5・6年生の学級作りが重視されてきたのである。

　ところが施設一体型で、1年生から9年生が一つの集合体として学び生活する一貫学校では、そういう5・6年生の活躍の場がなくなり、学校空間における最高学年としての緊張や頑張りや責務や誇りや達成感を味わう仕組みが奪われてしまったのである。「どうして6年生の卒業式がないのか」「児童会がなくなって6年生が中心になる自治の経験を持てなくなった」「運動会で6年生が脚光を浴びる場面がなくなった」「大きな中学生に囲まれているので、小学校の最高学年としての構えがもてない」などの声が沢山寄せられてきているのである。事前に予想されたこの教育上の大問題も何ら考慮されなかったのである。

3）早修型カリキュラム、受験対策カリキュラム

　小中一貫教育を根拠づける独自のカリキュラム、教育効果を挙げるカリキュラムがあるのだろうか。結論から言えば、そのようなカリキュラムは提示されていない。

　第1に、そもそも、小学校教育と中学校教育との連携を強化するような

特別なカリキュラムが考案され得たとしても、それが従来のものよりも優れているならば、その新しい小中一貫カリキュラムを小学校と中学校で採用すればいいだけの話である。

　第2に、たとえ小中一貫カリキュラムが編成されたとしても、そこから施設一体型の学校が必要だという論理が出てくるものではないのである。実際には、施設一体型一貫校の「成果」を示すために証拠を作れということで行政からせっつかれて新しいカリキュラム作りが強制されたというのがことの経過であった。

　第3に、一貫カリキュラムを口実に、中学校カリキュラムの小学校への「引き下ろし」、いわゆる「早修型カリキュラム」が作られた。義務教育学校や小中一貫校に許されている「教育課程の特例」を見ても、その内容は、「小学校段階への前倒し、後送り」「学年間の前倒し、後送り」が基本で、結局前倒しが中心となっているのである。品川では、その最も顕著なものは、指導要領の指定する小学校6年生までの学習漢字を小学校5年までで学習させる「早修」であった。それは破綻せざるを得ない暴挙であり、漢字ぎらいを増やし、2020年度からは撤回された。しかも早修型カリキュラムからもまた、施設一体の一貫校が必要だという論理が出てくるわけではない。

　第4に、一貫カリキュラムではないが、夏休みに、品川の施設一体型一貫校では学力訓練型の「特別合宿」が行われている。それらは、学力テストの点数を「向上」させる狙いがあり、学力向上策として危うい挑戦がおこなわれているというほかない。

4）「切磋琢磨」と「過密」──学校空間の変容と混乱

　あわせて見ておくならば、小中一貫教育が同時に学校の統廃合として進められることに対して、「切磋琢磨」の環境を創ること──小規模校では切磋琢磨がなくなる──が必要だと言う理由が挙げられてきた。しかしこの議論は大きく破綻し、少人数学級化こそが、今、日本の教育改革の最も緊急の課題であることが社会的にも合意となりつつある。

　第1に、日本の40人学級は世界比較で突出した大人数である。2020

年9月発表のOECDの国際比較データでは、公立学校1クラス当たりの平均児童・生徒数は、日本の小学校は27人に対してOEDC平均は21人、中学は32人に対して23人となっている。教育財政を縮小するために過大学級が押しつけられ、「切磋琢磨」論はそういう政策を合理化してきたのである。今回（2020年12月）小学校の5年間かけての35人学級化が決定され、ようやくその改善が進められようとしている。

　第2に、コロナ禍の中で、三密を避けることが不可欠となったが、現状の40人学級基準では物理的に不可能な状態があり、この点からも少人数学級化が不可欠になっている。

　第3に、少人数学級こそが、いじめ、落ちこぼし、発達障害などの困難を抱えた子どもへの指導、討論などを含む方向への授業方法の改善などに対処する基本方法であることについても合意が進みつつある。

　第4に、教師の働き方を改革し、過労死的労働条件の改善にとっても不可欠である。

　品川の施設一体型小中一貫学校は、多くが二重の意味での過密・密接状況を「教育改革」として、政策的に作り出してしまった。そのため、次のような矛盾が起こったのである。

①そもそもそれまでの小学校と中学校の別々の校地に通っていた子どもたちを、例えばその中学の校地だけを使った施設一体型一貫校（校舎も地下2階地上5階などにして）に集めて密集させてしまった。それは一貫校設置が統廃合を目的に行われたことと深く結びついている。そのため一挙に1,000人を超えるような過密、密接の学校空間が出現した。

②運動場が一挙に足りなくなり、小学生と中学生が時間を区分して利用するような状態が生まれた。小学生の運動場の放課後の使用も、中学生の運動部の部活も相当制限されている。

③6階建て校舎などでは、移動の時間がかかり、休み時間でも運動場に行くのが大変で利用しにくい。廊下で遊んだりしてけがが多くなった。移動にかかる指導が多くなった。

④小学生と中学生では授業時間が異なり、異学年の教室が接する施設では

チャイムなども、使いにくくなってしまっている。休み時間、移動時間が異なるため、落ち着かない。

⑤中学の期末テスト期間は小学生も「静かに」しなければならないなど、制約が多くなってしまった。1年生から9年生までをまとめて集会をしても、教師の話の内容や体力などの違いで、まとまって意味ある会ができないし、特に1年生などには無理が多い。

⑥運動会などは、9学年一緒では無理があり、しだいに小学生と中学生の運動会を区分するようになった。行事は結局小学生と中学生のそれを区分する方向で動いている。

⑦中学生と小学生の体力の違いが大きく体育の部活など一緒にすることには相当な無理があり、中学生も小学生にどう指導していいのか困ることが多い。

　しかしこんなことは最初から予想が付きそうなものであるが、学校建築に不可欠な教育的な配慮を欠いた突貫工事で、より矛盾が深まる施設ができてしまったのである。

3．品川型小中一貫学校の根本的矛盾
——学力エリート校構想の矛盾

⑴ 小中一貫教育は普通の学校より学力を高めることができる制度か

　小中一貫校の設置は学校統廃合を目的とすると共に、エリート校化した義務教育段階の学校を作り出す目的を持っていた。

　公立の小学校を制度的に格差化することは、常識的に見てほとんど不可能であろう。小学1年生を入学試験で学力別に区分けした学校に入れるなどが許されるはずもない。とすれば、小中一貫校であっても入学者を試験で選別することはできない。そこで考え出されたのが学校選択制と小中一貫を結びつけることであった。小中一貫のデラックスな施設を作り、優れた教育ができると宣伝すれば、そのデラックスな学校を優秀な生徒が多く選択し、学力も上がるだろうというわけである。また日野学園の設置は、品川大崎地区の再開発と結びついて所得階層の高い家庭の子どもが多くな

り、その点でも学力が高くなり、より多く選ばれ、地価も上がるという好
循環が期待されたのかもしれない^(注7)。

　しかし結果的には、選抜によって優秀な生徒を集める私立中学の方がよ
ほど高校や大学受験には有利だということで、6つの施設一体型一貫校で
は、6年生が私立中学受験でかなり抜け、代わりに新たに学校選択で転入
する生徒が多く、7年生は約半数が新しい生徒になってしまったのである。
施設を一体化して最も徹底した一貫教育を追求してきたはずの一貫校で、
7年生段階でその一貫校内から進学してくる生徒が約半数しかいなくなり、
「一貫教育」が成り立たないという事態が生まれてしまったのである（表
2-2参照）。

表2-2　施設一体型一貫校（品川の義務教育学校）2014年度の7年生の構成

	在籍数（人）	内部進学者数（%）	外部入学者数（%）
日野学園	146	42.5	57.5
伊藤学園	185	50.3	49.7
八潮学園	88	89.8	10.2
荘平学園	63	42.9	57.1
品川学園	120	44.2	55.8
豊葉学園	129	53.5	46.5
一貫校平均	122	52.4	47.6

（品川区教育委員会作成資料より）

　加えて、普通の小学校、中学校よりも、施設一体の一貫校の方が学力で
より高く実績が上がる理由などというものは何も見当たらない。また過労
死的な働き方が強制されているなかで、実際の小中一貫を理由にした教師
の仕事のさらなる増加（教師が中学や小学校に「出張」して、授業を行っ
たり、行事に取り組んだりするなど）が、子どもに丁寧によりそう時間を
むしろ奪っているのが現実ではないか。一貫校で学力が上がるといった行
政の「宣伝」を現実化しなければならないという圧力で、子どもにより多
くの負担が押しつけられ、より多くのストレスを子どもが味わう危険性の
方が多いのではないか。

(2) 学校体系の複線化の進行

　学校制度のあり方で今最も矛盾を抱えているのは、高校ではないか。日本の場合は高校教育の細分化された序列化、幾重にも格差化された複線化とでも言えるような学校制度体系が展開している。その「複線化」された高校教育に連接するように義務教育制度を複線化することは、日本の義務教育——6歳から15歳の教育——を根本的に格差化してしまうことに繋がるだろう。この間、それをより細かく格差化しつつあるのは、中高一貫校の設立である。公立の中高一貫校は中学入学時に選抜試験ができない建前になっているが、実際は、適性をはかる「試験」が行われており、相当な倍率となっている。東京では11校あるが、都内の高校のなかでは、トップ校の次の位置にあるとみられているのが現状である[注8]。これらを含んで、義務教育段階の複線化がすすめられようとしている。

表2-3　中高一貫校数の推移

年度	1999	2002	2004	2006	2008	2010	2012	2013	2016
中高一貫校数	4	51	153	203	337	402	441	450	595

（文科省、「高等学校教育の改革に関する推進状況について」（2017年3月）。2016年度の595のうち公立198校、私立392、国立5校。）

(3) 小中一貫学校のエリート校化という「ねらい」の破綻

　そういう状況の中で、小中一貫学校設置が、特に都市部でもっていたエリート校化という「隠された意図」は、基本的に破綻せざるを得なかったと言うべきだろう。

　第1に、そもそも小中一貫教育をすれば、普通の教育より教育成果が上がるという基本的な根拠がない。「小中一貫カリキュラム」なるものも、実際には「早修型カリキュラム」であり、それ自体が、特別に選抜された生徒を対象とするという条件もない中では、無理な詰め込みになる危険性が非常に高いものである。

　第2に、実際に行われている「一貫教育」なるものは、普通の小学校と中学校の間の協力関係を強めることでその基本的内容が実現可能なものが

ほとんどである。優れた「小中一貫カリキュラム」がありうるとしても、学校自体を施設一体型にする必要などない。

　第3に、施設一体型の小中一貫校は、学校統廃合までして異常に「過密」なものとなり、見かけ上の新しさや豪華さをもった施設であるにもかかわらず、むしろ教育環境としての施設条件が劣り、6・3制学校制度で蓄積されてきた子どもの発達段階にあった教育の方法を継承することができないような困難を抱えるものとして展開してしまった。

　第4に、品川の場合、学校選択制と結合して施設一体型学校を「選ばれる学校」としてエリート校化しようとする意図もあったが、結果としては、相当数が6年卒業時に私学進学で脱出し、新たに転入してきた生徒が約半数を占めるという「断絶」が生まれ、「一貫」のメリットは成立していない学校となってしまった。

　それらの結果、小中一貫学校の設置は、結局は学校統廃合を最大の目的とするものであったということが一層明白になったと言うべきだろう。

　「品川教育改革プラン21」は、品川の子どもたちにとっての豊かな財産であり、条件であったはずの校地を大きく縮小し、また学校施設としては過密で多くの欠陥を抱えた施設一体型小中一貫学校での教育・学習をこれからも長期にわたって子どもや教師に強いることとなった。学校選択制と施設一体型小中一貫校（品川の義務教育学校）を中心とした品川の教育改革は、20年の展開を踏まえて根本的に見直されるべき地点にある。

注

（注1）若月秀夫『品川発「市民科」で変わる道徳教育』教育開発研究所、2009年参照。

（注2）黒崎勲『新しいタイプの公立学校』同時代社、2004年、125頁参照。

（注3）嶺井正也編著『転換点にきた学校選択制』八月書館、2010年参照。第三章第三節［2］での東京・江戸川区の学校選択分析では、中学段階の学校選択に「学力調査」の結果が大きく影響しているというデータ分析が示されている。

（注4）文部科学省国立教育政策研究所生徒指導・進路指導研究センター生徒指導リーフ15「『中1ギャップ』の真実」（初版発行平成26年4月／部分改訂、平成27年3月」

（注5）小学校文化と中学校文化の違いについては、佐貫『品川の学校で何が起こっているのか』27頁など参照。落ちこぼれの実態調査データでは、中教審答申「子どもの発達や学習者の意欲・能力に応じた柔軟かつ効果的な教育システムの構築について（答申）参考資料（平成26年12月22日）に収録されたベネッセ教育総合研究所の「学習基本調査報告書・国内調査」（第1回1990年〜第4回2006年）によると、「上手な勉強の仕方が分からない」児童生徒数は、小5の30％台に対して、中2は60〜70％となっている。

（注6）思春期を特徴づける特性としてヴィゴツキー『思春期の心理学』（柴田義松・森岡修一・中村和夫訳、新読書社2004年）は、概念的思考と内言の形成、それらを土台とした新たな「意志の自由」が形成されることを指摘している。ヴィゴツキーは、概念的思考（カテゴリー的知覚）が「思春期においてはじめて見られるようになる」とし、「彼は目の前の現実を秩序づけていくのですが、それを今まで作り上げてきた複合と関連付けていくのではなく、思考においてまとめ上げてきた概念の助けをかりて秩序づけていきます」（155頁）とし、「概念だけが現実の認識を、体験の段階から法則性の理解の段階へ高めてくれるからです。またこの必然性の理解、つまり法則性の理解だけが、意志の自由の基礎となる」（257頁）と指摘する。また内言について「内言は、思春期に最終的に形成され、社会化され」るものであり、その内言を使いこなすことによって「人格の内的意識の体系化され、整えられた世界が発達し作り上げられるのであり、私たちが意志の自由と呼ぶところの特別な形式の必然性が生じるのです」（256頁）と指摘している。ヴィゴツキーはこの展開においては思春期を青年期を含む広義の概念として使用しているが、思春期の始まりはこのような「意志の自由」の世界への入口にあることを明らかにしている。

（注7）室崎生子「第5章　学校建築から小中一貫校問題を考える」山本由美・藤本文朗・佐貫浩編『これでいいのか小中一貫校――その理論と実態』新日本出版社、2011年参照。

（注8）東京の中高一貫校の現状については、河合敦『都立中高一貫校10校の真実』幻冬舎新書、2013年参照。

第3章　呉市小中一貫教育がもたらしたもの
──「栄光」の陰に貫く上位下達の学校管理

梅原利夫

　呉市の教育行政が、本格的に小中一貫教育について試行的な実践と研究を始めたのは、2000年度からであった。その経過と課題については、2005年に全国レベルで発刊された報告書『公立小中で創る一貫教育』（以下「呉本」と略記）[注1]で広く知られることとなった。そこからは、小中一貫教育について全国で先頭を歩みたい、という推進者の意気込みが読み取れる。

　では当初の目標は何だったのだろうか。それから20年、呉市の教育は教育現場に何をもたらしたのだろうか、そしてどこへ向かおうとしているのか。本報告では、一つの自治体にそくして、小中一貫教育を掲げる教育行政とそのもとで繰り広げられた教育の実態を考察したい。

1．小中一貫教育研究に手をあげる

　呉本によれば、当時全国でも話題になっていた義務教育段階での「ある問題」に取り組もうとしていた。それがどれだけの現実性（リアリティ）を帯びていたのか、問題への接近は適切であったかどうかが問われている。

⑴　いわゆる「中1ギャップ」問題に取り組もうという動機

　呉本では「義務教育6・3制の限界」として、次の5点が指摘されていた。①身体的な発達の加速化現象、②中学校定期テストでの学力低下、③自尊感情の低下、④生徒指導上の諸問題、⑤中学校進学への不安。

　ここで言う「6・3制の限界」とは、いわゆる「中1ギャップ」という

表現で流布されていたもので、小学校と中学校が別個になっているが故に、小学校卒業期から中学校入学初期の期間に制度的にも学校文化的にも相当の段差があり、それが中学校への不適応の主要な原因であるという考え方に依拠していた。「中１ギャップ」という用語は使っていないものの、指摘されている限界の具体例は事実上「ギャップ」のことをさしている。

　だから小学校教師と中学校教師が分離を越えて、９年間の流れ全体を見渡して相互に子ども・生徒に関わろうという提案がされた。そのためには「教師の意識改革」が必要であるという。こういう文脈での意識改革には、永年にわたって染みついた強固な意識をなんとしても変えさせる、というニュアンスが伴っていた。「全体像をつかんでいる関係者が一部に限られ、多くは、それが見えず、どうしてもやらされる研究開発になりがち」[注2]であるという記述に、当時の率直な状況が吐露されている。

　ただしこうした問題意識を持つことが、「だから小中一貫教育にする」ことで解決（解消）されるのだと、直ちに結論づけられるわけではない。しかし、やがて呉中央学園と自らを呼ぶようになる３学校（隣接した中学校と２小学校）は、そうした方向に舵を切ったのである。後になって国立教育政策研究所ですら、「『中１ギャップ』という語に明確な定義はなく、その前提となっている事実認識（いじめ・不登校の急増）も客観的事実とは言い切れない」[注3]と言うようになった。

⑵「４・３・２」カリキュラムの可能性と現実性

　いま一つの特色は、義務教育９年間の教育課程を４・３・２の区分にしようとしたことである。「心身の発達の変化、学力形成の特質、生徒指導上の諸問題の顕在化」の３観点から、前期・中期・後期に分けた。そのポイントは、中期（５〜７年生の３学年集団）というひとまとまりの子ども・教師集団を形成したことである。「中１ギャップ」の解消には、小学校５・６年生と中学校１年生を生活および学習集団としてくくるという決断がなされた。

　たしかに、６・３という９年間を別の複数のまとまりに区分しようとすれば、現実的には５・４制か４・３・２制しかない。呉市は後者のタイプ

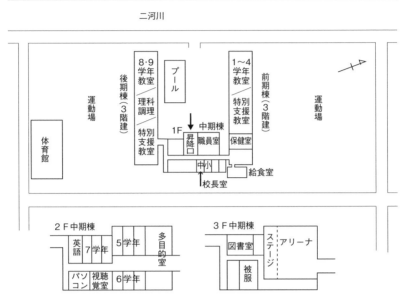

呉中央学園学校配置図

の先頭を走ることになった。やがてこの区分構想は、4・3・2に3分割された校舎建築（2011年度完成）へとつながっていった。教育課程が、学校建築を決定づけた珍しい事例である（学校配置図参照）。

　この中期3学年集団の教育課程（授業と生徒指導）の実績づくりにも力を注ぐことになった。本章3節で、その具体例を分析する。

⑶ そもそも「一貫教育」とは何をめざすのか

　様々な場所で「一貫」という用語が使われているが、そもそも「一貫教育とは何か」については、未だ定義すらも共有されていない曖昧な概念のままである。すでに義務教育は9年間で一貫しており、学校教育法の上でも目標は共通している。教育課程や教育内容については、参照標準としての学習指導要領もある。これに幼稚園の教育要領を加えれば、幼児教育・初等教育・前期中等教育の流れは一貫している。「同じように貫かれた理念や制度や内容」を指すのであれば、これ以上何を一貫させよと言うのだ

ろうか。

　呉本で言及しているのは、かろうじて次のようなことである。

　「９年間一貫した教育課程を編成し、そのもとでの教育課程を展開する」（20頁）、「子どもたちの成長に合った学びを小中学校が一緒になってつくり上げて行こうという教育研究である。」（25頁）

　ここに見られるように一貫という言葉は、「９年間を見通して合同で教育を計画化し、実践していく」という意味合いで用いられている。

　そして一貫教育を推進してきた人々は、当初から「一貫教育は目標ではなく、あくまでも手段である（手段にすぎない）」と繰り返し主張してきた。そうだとすればことさらに一貫教育を掲げることによって、「何を実現しようとしているのか」が問われなければならない。本章３節と４節で問題にする。

２．呉市における教育の背景

　呉市の教育の全体を把握する上で、自治体としての呉市の特徴をつかんでおくことが重要である。それは、近現代史において呉地域がもつ地政学的な意味と、明治期から1945年８月の敗戦まで、および現在に至る産業と政治の変遷とを、教育の背景として捉えることである。

　市民生活に決定的な影響を及ぼしてきたのは、大日本帝国における海軍軍都であり、象徴的には戦艦大和の母港であったことである。

⑴ 戦艦大和をいただく軍都、そして海上自衛隊基地との共存の街

　呉市を呉たらしめているのは、かつて海軍の鎮守府が置かれた東洋一の軍港の伝統を引き継いでいることだ。2019年には「呉鎮守府開庁130周年」のガイドマップが各所に置かれ、一年中イベントが開かれていた。「そんな軍港、造船基地が現在の造船業に繋がっていき、130年たった今でも当時のビジョンが生きています」と語る。2016年に４か所の鎮守府

（呉、横須賀、佐世保、舞鶴）が日本遺産とされ、その宣伝が街をおおっていた。

10分の1の戦艦大和の模型を展示する「大和ミュージアム」からのメッセージには、「『呉の歴史』はまさしく、明治以降の日本の近代化の歴史そのもの」であり、「科学技術創造立国を目指す日本の将来を担う子どもたちに科学技術のすばらしさを理解していただき、未来に夢と希望を抱いていただくことのできる」博物館にすると書かれている（パンフより）。

つまり、明治期以来、軍艦の造船を基盤にした科学技術面での「連続した発展」として歴史を捉えようとする見方を普及している。

この呉市で戦後直後に以下のような街づくりプランが決定された史実があるが、今はそれを語る市民はほとんどいない[注4]。

・戦後初期に鈴木市長は、新憲法の特別法（住民投票によって特定地域に適用される法律）により、呉を平和都市に建設することを運動化した。
・まず旧軍港市転換法（呉、横須賀、佐世保、舞鶴でよびかけ）を国会に請願しこれを議決させた（1950.4.7）。
・成立のための住民投票を実施し運動化し、投票率82.1％うち賛成92％で成立させ（1950.6.4）、ここに呉市は平和産業港湾都市へ生まれ変わった。
・しかしその直後に朝鮮戦争が勃発し（6.25）、日本はアメリカ主導の軍の支援基地化され、産業界は戦争特需を受けて旧軍用地へ工場誘致した。
・その後の再軍備の動きの過程で、ついに1954年10月に海上自衛隊呉地方総監部が開庁されるに至った。

以後平和都市構想は、「自衛隊との共存共栄」策で制約され続けている。現在基地内の隊員は6,600人にものぼる。呉中央部には自衛隊と基地関係者と造船関係者とその家族が多数生活している。自衛隊は、経済をも下支えしているのだ。

(2) 大合併による大呉市誕生と市民生活・市政

呉市は広島市とも隣接し、呉から広島駅まではJRで40分前後の距離

にある。3度にわたる平成の大合併で、8町が吸収された。それにより地理的には旧呉市中心部とその周辺部、そしてすべて橋で結ばれた5つの島しょ部に大別される。人口は現在約21万人で、2016年には中核都市に昇格した。しかし車で全域をめぐってみたが、呉駅周辺の人口密集地である中央部とJR沿線の市街地以外は、多くが過疎地であり、特に遠方の島しょ部は昔ながらの光景が残っている。つまり産業上でも文化上でも生活上でも、大きな違いと格差を抱えた地域となっている。

21世紀に入り、象徴的には小林和年市長（在職2005〜17）と長谷川晃教育長（2007〜14）時代には、市長の「日本人としての誇りを育てる教育」という意向が、教育長の「力の支配」によって学校教育に持ち込まれた。教育長の突然の死去と4選を阻まれた市長選での落選によって、一定の見直しの契機が生じた。しかしその後、権力集中が見えづらいなかでも、それまでに築かれた上意下達の支配体制は依然として継続している。

市議会の構成は市長支持・保守派が8割を占め（2019.4）、呉市選出県議（4/5）や衆院小選挙区議員も政権党が圧倒している。

特徴的な産業は造船や鉄鋼であり、「国防と観光」の街を目指している。

市民生活は大別すると、①海上自衛隊と造船業に関わる層、②広島市圏への通勤者層、③山間部および島しょ部の農林水産業層、④サービス産業従事者層に分かれている。海上自衛隊の存在は暗黙の了解事項のようで、ことさらに批判や異議を唱えるのは少数の平和運動団体に限られている。

保護者の意向として子どもたちの進学面では、いわゆる学力上層部は広島市の中高一貫校や私立進学校に向かう傾向がある。だから呉中央学園が市内公立小中学校のシンボリックな存在であろうとしても、初めから入学を忌避している層があってのことである。しかしだからこそ、学園の底あげや見える成果を出すことに、特別の力が注がれるという力学が働く。

3. 2012年公開研究会──第1次調査

(1) 公開研究会（2012.11.2）での発表から

同席し私が記録したメモをもとに、再現してみたい。

　教育長挨拶（要旨）：小中一貫教育開始時の子どもの課題（自尊感情低下、小から中への移行にギャップ、中学校でのいじめ・不登校）は克服されてきた。新教科などはせずに学習指導要領に則った教育をしている。

　基調提案での自己評価：学園の教育目標を一体となってめざし前期・中期・後期の子ども像を立てている。研究組織の一つに「学力向上部会」を設けて「活用」を意識した授業づくりを行っている。各教科で9年間の学びをどういかしていくか、という関連性・発展性による学びのつながりを意識した授業を行っている。

　当日配布された冊子には、学習指導要領にある各教科から特別活動に至る全領域にわたって、1〜9学年を前・中・後期に区分した指導計画が作成されていた。これは各部会ごとに集団的に検討したものの集約である。

　参観授業で印象に残ったのは、5年生授業への中学校教師 T1 と学級担任 T2 が協同して行う指導場面であった。

　国語：テーマ「学校のよさを伝えよう」。2紙の新聞を読み比べて書き手の意図の違いをよみとり、最後に「学校のよさ」を紹介する新聞記事を書き、読み合う。本時は単元9時間のうち7時間目で、各自の「記事を読んで友達と助言し合い、推敲する」ことである。T1 が授業を進行し、T2 が声かけによって個別指導やグループ指導を行っていた。子どもの学習活動は、グループ内で友だちの記事を読み合い、上手に書けているところ（ピンクの付箋貼る）と、直したり付け加えたりした方がいいところ（青の付箋貼る）を指摘する。それを参考に自分の記事を推敲し発表する。

　算数：テーマ「円と正多角形」。正多角形を円周の等分によって作図することができ、円周率の意味と求め方を理解する。本時は単元8時間のうちの1時間目で、「円の中心を見つける」である。中学校所属の数学教員 T1 が授業を進行し、T2 が机間巡視し個別指導をしている。

⑵ 「6・3」制度下での「4・3・2」カリキュラムの可能性と限界

　ここでは、中期にあたる5年生と7年生との英語の合同交流授業を例に考察する。場所は中期棟の広い廊下を活用したラーニングセンターにて。

・5年生（買い手）What do you want?　めあて：買い物をする。
・7年生（売り手）We're talking.　　めあて：積極的に会話をする。
予想される会話：What do you want? I want this~. How much? ~ dollars.
・教員は、学級担任＋中学校英語担当＋ALT（外国語指導助手）の3人。

　ラーニングセンターに様々な店が並び、売り物が置いてある。5年生はお金を持って店をのぞき、買いたい品物を決めて売り子の7年生相手に買い物をする。7年生は自分の店の品物をアピールし売ろうとしている。交渉が成立すれば、「○個でいくら」の会話で売買が行われる。3人の教師は店を回ってコミュニケーションの援助をしている。
　「5年生は、アルファベットの読み方や基本的な表現について、様々な活動を設定し、繰り返し練習することで、表現に慣れ、自信を持って言えるようにする。7年生には、間違いを恐れずに、積極的に会話に取り組ませるようにする」（当日の冊子より）。
　このように教育課程上は、中期学年の独自のくくりに一定の工夫が見られることは確かである(注5)。それにもかかわらず、制度としての6・3の区分は厳然として存在している。つまり学校制度と教育課程上の区分との不整合は必然であり、このために一貫と言いながらも、重要な局面で見られる不徹底さや矛盾の存在が常にある。その典型は、5・6・7年生で中期学年の教育課程のくくりをしながら、6年生3月に卒業式、7年生4月に入学式を行っていることである。

(3) 地域住民からの聞き取りから
　公開研究会の前日、地域住民の方々に集まっていただき中央学園以外の学区での日頃の教育について、意見や要望を聞かせていただいた。教職員組合の協力を得て行ったので、結果的には問題点や改善要望等が多く出された。保護者の一部分であるかもしれないが、公開研究会でのトーンとは異なる「学校教育への不満や要求」が潜在的にあることがわかった。

・この地域は荒れた学校では力で抑え込む傾向がある。昨年の総合体育大会のおりには、警察官が会場周辺に配置されるなど過剰警備も見られた。
・中学生の職場体験には、地域の自衛隊も受け入れており、その時には厳しい訓練はなく、楽しい体験や艦船乗船などが行われる。
・数年前に対教師暴力があった時には、学校→警察通報→パトカーで連行という事件があった。
・登下校時、校門前で5秒間の「礼」の指導や門の監視カメラでチェック。
・こうした地域の教育方針についてこられないタイプの子ども達は、学校に通うこと自体が辛いのではないか。

(4) 教師への聞き取りから

　小学校の教師で国語教育に力を注いできたベテランの方のお話を伺う機会が持てた。学園では中期学年に所属し小学校高学年の担任を務めていた。公開研での授業で、T_1 の国語専科と組んで T_2 として机間巡視して行っていた子ども達への個別指導の様子が印象的だったので、その後連絡を取り別の機会に学校訪問して実現した。学園では国語科のまとめ役だった。

・中央学園になって、それまでの小学校教師の立場からすると、中学校の様子がよく見えるようになった。特に職員室が合同なので、何かあるとすぐに交流できるのがいい。公開授業時の T_2 の役割としては、子どもたちの間を回りながら、授業テーマである「推敲する」という中身を体験させることや、子どもにみられる「曖昧な表現」について「具体的に書くよう」指導していた。45分で終わらせるには、諸活動の時間配分をきちっとやることも重要である。
・国語の指導では「生きて働く言語力の育成」をめざしている。中学校教師との「相互乗り入れ授業」では、次週の計画をたてて双方で打ち合わせを行っている。
　　国語部会で力を注いで制作したものに「読みの手引き書」がある。説明文と文学について一人で文章を読むことができるように、学年ごとに2段からなる「手引き」と「アドバイスやヒント」の冊子を作った。

・小学校教師が中学生の学習を指導する事例は、中学校での選択教科（例えば社会科の課題）を受け持つことや、中学生の夏休み宿題を見てやる等がある。国語部会では、1〜9学年にわたって子どもがどのように発達して行くかを話題にし、「豊かな学び」をさせてあげたいという願いで話し合っている。教育活動は全体で決められた枠ではあるが、その中では「研究は自由にさせてもらっている」。（主要な柱の発言終わり）

　面談した私の感想であるが、大きな目標を共有することができれば、教科分野の具体的な指導計画については各期の学年集団に委ねられていて、そこでの手ごたえとやりがいを持っておられる方であった。

4．2019 年公開研究会──第2次調査

　学校教育法第1条が改正され、2016 年度からは9年間一貫の「義務教育学校」設置が可能となった。しかし呉市では、9年一貫の呉中央学園は通称のままであり、あくまでも制度上は呉中央小学校と呉中央中学校の併設校のままである。ここにも一貫といいながら制度上の不徹底さがある。

(1) 公開研究会での息苦しさ──スタンダードによる縛りの構造

　多数の公開研究会と授業参観に参加してきた私の研究者人生において、初めてのショッキングな体験をした。2019 年 10 月 24 日、雨のなか呉中央学園にて。以下は、午後になりついに縛りと圧迫からくるストレスに私自身が耐えられず、中途で学校を離れた直後に書いた文章である。

　　「真綿で首が絞められるような息苦しさを感じていた。ついに、頭脳と心と身体が、囲まれた空気に拒絶反応を示し、私は分科会を終えて足早に学校を離れた。疲れのなかで衝撃を受けていた。
　　はじまりの研究会開会行事から、すでに私には異様な光景だった。私（落ち着いたカラーの詰襟シャツに、紺のジャケット）以外は、ほぼ全

員が白のワイシャツに上下黒のスーツ姿のモノトーン。女性の長い髪は、黒のゴムで縛る。呉方式なのか、開会式場で呼ばれたら「はい」と大声で返事をし、起立して次の行動に移るという所作。

昼の弁当も、その狭い椅子席にすわった窮屈な姿勢のままですます（私は近くのテーブル席に移動して食す）。しかも、弁当にはご丁寧に「呉中央小中一貫弁当」と書いた黄色のメニュー表が載っていた。

・「小中一貫肉団子（前期・中期・後期の三つが繋がっています。）」
・「はすの天ぷら（1年生〜9年生まで見通しをもって学習しています。）」

研究会のパンフや報告では、美しい言葉が並び、読む者の頭の上を通過して行く。

「自らの『生き方』を考える」「主体的な学び」「深い学び」「探究的な学び」。「資質・能力」を4分割に（①知識・技能、②思考力、③表現力、④主体性）。

しかし、その使い方や発言時の表情からは、その概念を頭から「信じきって」いるように見え、自分たちで分析・思考し、吟味したあとが感じとられなかった。

午後の分科会では小グループに分けられ、各グループのまとめでは「そつなくまとめる」教員の存在が印象に残る。講評者（指導主事）も、学ぶこと2点、課題1点を手際よく短時間に収めるという「みごとさ」。

以上は、関係者個々人への違和というよりも、それが当然という「当たり前の雰囲気」が全体を支配していることへの、私の違和感であった。

スタンダードによる形式と時間の枠がはめられ、「資質・能力」の呉バージョン4つがめざされ、ベルトコンベアーで規格化パターン化されたような「指導と学び」の流れ。それが全教室、全校で進行している。概念の深い理解と各自の納得が得られていないまま、淡々とスケジュール通りに進行する定型的な人材製造システムの様。

この空気に、私の感性と理性が拒絶反応を示したのではないだろうか。」（直後に書いた文章終り）

⑵ 定型化された公開授業の発表──教師と子どもの教授・学習形態

　学校とその周辺に張りめぐらされた「スタンダードの鎖」、その鉄鎖のなかで定型化（パターン化）された「指導らしき行為」と「（それに過剰に適応した）学習らしき行為」が、決められた時間通りに進行していく。

　私の印象では、「指導する（させられる）」教師自身が、見事な「指導のスタンダード」に「過剰に適応」して、子どもたちに迫っている姿がそこにあった。

・授業のはじまりの、あの異様な大声での「あいさつ」から、終わりのあの異様な大声での「あいさつ」、しかも参観させていただいている私たちに身体を向き直って「お礼のあいさつ」までする、という徹底ぶり。
・板書は、〈めあて〉が示され、途中の〈ふかまり〉を通って、最後にワークシートに記入して、〈まとめ〉に至る流れとなる。すべての学級で、毎時間実行されていた。
・発言のしかたも、「はい」と言って右手を耳に近づけて挙げ、指名されたら立ってイスを机に入れ、（グループ別対面座席の場合には）身体を皆の方に向き直して行う。
・黒板左上には、大きな長方形のデジタル時計があり、「はい３分間グループで話し合い」と促され、３分たつと「ピピピッ」というあの電子音が鳴り、話し合い動作はいっせいに停止する。
・階段には段ごとに、右側に英単語（数、月、曜日など）が並び、左にはkeep right という指示語が貼られている。
・階段踊り場の壁面には、校内25か所の掃除場所と担当学年・組とグループ一覧があり、その隣には、短冊にマジックで書かれた高学年リーダーの署名入りで「所信表明」なる決意表明がずらりと貼ってある。
　「無言で、すみずみまで掃除し、きれいにして行きたいです。」
　「○○室を利用する人が、気持ちよく使えるように、すみずみまでそうじする。」
・学校の外へでると、フェンスに大きな（１ｍ×５ｍ）スローガンが。
　「あいさつ通り　にこ　にこ　げんきに　あいさつしよう」

165

⑶ 政府・文科省の「教育改革」路線を先行する教育行政

　2019年度呉中央学園は、小中一貫教育によってどんな教育を目指そうとしたのだろうか。公開研究会で配布されたリーフレットをもとに考察してみよう。研究主題は「深い学びを実現する授業の創造」である。容易に想像がつくように、これは2020年度から小学校で完全実施されている新学習指導要領がめざす「主体的・対話的で深い学び」からきている。しかもそれを実現していくために育成する資質・能力を「知識・技術」「思考力」「表現力」「主体性」の4つに設定したと説明している。この4資質もまた、学習指導要領で言われている資質・能力の3本柱（①知識及び技能の習得、②思考力、判断力、表現力等の育成、③学びに向かう力、人間性等の涵養）のアレンジ版である。

　ここから見えてくることは、中央学園は学習指導要領の実施に貢献していく姿勢を表明しているとともに、しかし学習指導要領と全く同じではなく、そこに呉市なりの独自色を出そうとしていることがわかる。

　しかし、なぜ3本柱ではなくて4つなのかについての明確かつ説得的な説明は読み取れない。深い学びについても、主体的かつ対話的な学びとどうかかわるのかについては沈黙している。

　つまり2005年の呉本で強調していたいわゆる「中1ギャップ」の解消という目標はすでに姿を消し、替わって文科省の施策の重点目標の独自追求が前面に出てきている、と受けとめることができた。

⑷ 不登校生徒からの聞き取りと保護者・教師の声

　調査時期に信頼できる方の助力で、当時在学生で不登校のAさんからお話を伺う機会が得られた。Aさんの発言は、1〜14までに整理し、その後ご本人の確認を得たものである。そのうち、4つを以下に抜粋する。

A10：小学校の「文化活動」でのこと。5年生は6年生（が教えてくれたので）に恩があるとのことで、家庭科で、5年生がマスコットを作って6年生にあげる、ということをやった。また、世話になった6年生を「漢字ひと文字」で表そうというのもやった。よくはわからない6年生

に感謝の作品をつくるのが、とても嫌だった。5・6年生の間に、「わ
ざと貸し借りをつくる」ようで嫌だった。

A12：小中一貫というが、小学校と中学校と情報が伝わっていない。その
例として、ある6年生の2人は同じクラスにしてはいけない仲だった。
それは本人同士も思っていて、距離を置いた方がよいのに、中学校では
「同じクラス」になった。まったく中学校に伝わっていなかったのだな。

A13：その先生は「デリカシーがない」。1時間にわたってずっと話をし
ていたので、ウトウトしている子がいた。すると、（わざと、その子の
所に行って）「寝ていなかった？」と聞いた。テスト中、静かななかで、
突然ある子のそばにいって、「ワッ」っと大声で脅かしたりする。何そ
れ？

A14：この学校では、靴箱の外側のはじにピッタリ靴をそろえることに
なっている。少しでもずれたら、イエローカードが貼られる。しかも、
それを生活委員会の生徒が調べて貼っている。
　私の靴箱に、ずっと貼られたままだった。それは「屈辱的です」。

市内のある学区の保護者から〈聴き取り者である元教員の記録から〉

①小学校の決まりが上の子（約6年前くらいから）の時と比べ厳しくなっ
ていると感じる。どうしてかを聞いた。先生からは「子どものためにそ
うなっています」との答え。

②校区の中学校の学校教育指導補助員は、自衛隊にかつて勤務していた人。
なぜ教育関係の人でなく自衛隊なのかと思う。教育に自衛隊が入ってく
るころに不安を持つ。

③（いじめ指導で、子どもには）生徒指導担当の先生と担任から、細かく
聞かれる。子どもは早く遊びたいので、自分の思いと違う先生が作った
筋書きのようでも、面倒くさくなり「そうです」と言った。

④2分の1成人式（10歳）で、子どもも親も手紙を書かされるのが嫌。
子どもに感謝を強制しているようで、感動よりもイライラを感じる。涙
を流して手紙の朗読を聞く親もいるが、自分はどうしても嫌で仕方ない。
親への感謝ってそういうものだろうかと思う。授業の振り返りの時間を、

子どもは面倒くさいと嫌がっている。

⑤放課後、学力テストに向けてだろうと思われるプリントをやらないと下校できない。子どもは、勉強が苦手で、とても嫌がっている。

中央学園に以前勤務した教師から

　校長とその意向を汲む教員が幅を利かせる学校だと思う。あまりに管理的な指導に、生徒は本音を見せずそつない態度をうまくとる。これまでに感じたことがない雰囲気がある。学園の教師ということに名誉を感じている先生もおり、だんだんそのおかしさを感じられなくなっていく。考えるよりとにかく仕事に追われる。その仕事もあまり意味があるように思われず、（私は）もっと生徒と一緒にいたいと感じていた。

Aさんのお話から抱いた、梅原の感想

①子どものために「良かれ」と思ってやっていることが、実際には、学校側や教師側からの「善意」の押しつけになっていないだろうか。子どもの気持ちや本音、戸惑いや悩みを、聴き取ろうとしていない状況にあるのではないか。「良かれ」が、「子どもからは、ちっとも良くない」ことに変質してしまっていることに、指導する側が気付いていないのだろう。

②「教委や学校が決めたこと」をなんとしても実行しようとする体制が支配している。しかも、数値目標の絶対的な実現が掲げられている。

　そこに、子どもたちに対する「強制」、個別指導の名による「説教（納得を伴わない）」、怒りを伴った「威圧」という行為が蔓延している土壌があるのではないか。

③少なくない子どもたちは、そうした「貧しい人間観、浅い指導観」を見抜いている。人間としての誇りやセンスが傷つけられながら、実はそういう大人・教育関係者を見限っている。「ばかばかしい」とさえ思っている。「見抜いている子ども」と「それに気づかない教育関係者」とのミスマッチ状況こそ深刻な事態ではないか。

④上記、②の状況下では、子ども自身が他の子どもを「点検する、支配する」構造が生まれてしまう。「靴箱での靴のそろえの点検」や「異年齢

集団による校内無言清掃」や「いじめ撲滅キャンペーン」や「あいさつ
通りでのあいさつ」など随所に見られる。

⑤授業公開でみられた、敷かれた授業の流れに「見事に乗って」「そつな
く反応する」子どもたちと、意見表明してくれたＡさんのような、「聞
きとられなかった切実な声」を秘めた子どもたちの存在がある。

　こうした状況をどのように捉え、改革して行ったらいいのだろうか。
私たちの「善意」の教育が、実は子どもたちの実感とかけ離れ、「期待
に応える」表層的な行為になっていないだろうか。大いに考えさせられ
た。

(5) 突然の製鋼所閉鎖計画——雇用不安と産業構造の変化

　私が調査と懇談のために呉市に滞在していた時に、突然の激震情報が市
内を走った。基幹産業であった日本製鉄傘下の日新製鋼呉工場が、2023
年9月末で閉鎖されることが公表されたのだった（2020年2月7日、翌
日の各新聞報道）。情報が入ったとたん、居合わせた市民の方々は一斉に
驚きの声を挙げた。日本製鉄は国内最大大手であり、呉市の工場には2基
の高炉が稼働している。1基を2月末に休止し、残りの1基も2021年9
月までに停止する。そして加工する設備もすべて2023年9月末までには
休止し閉鎖されるというのだ。

　協力企業を含めて雇用者は約3,000人である。関連企業とその家族を含
めると数万の市民に直接の影響が及ぶ。これは呉市の経済に大打撃を与え
るだけでなく、市民生活にも困難がもたらされる。雇用を含めて、青年た
ちの就職や未来展望にも大きな影を落とす。教育にも影響は必至である。

　これまでの産業構造の土台が崩れるのだから深刻である。2020年は、
コロナ危機と製鉄所閉鎖へのダブルピンチに見舞われている。教育と学校
は、そうした危機に飲み込まれながら、なお独自の特色なるものを発揮し
なければならないものなのだろうか。

5．2020年の新しい取り組み

　小中一貫を掲げて行われている教育の実際について、「果たして呉の教育は今のままでいいのだろうか」という疑問の声が沸き起こり、それらがいくつかの教育運動として取り組まれてきた。その流れは湧き水のように滲みだして教育改革の泉を作り出しつつある。

(1) 教育を考える会の発足

　「呉の教育を語る会　準備会」という集まりが2月に産声をあげた。呼びかけのチラシには、「呉の子どもは大切にされているの？」という問題意識が投げかけられている。

・学校や保育園・幼稚園が息苦しいよお
・一貫して力を入れている「返事・挨拶・くつそろえ」はどんな子をめざしているの？
・黙って給食、掃除、廊下歩きできる学校は落ち着いた学校？

　集まりは、クッキーをつまみコーヒーを飲みながらのカフェスタイルで、現役教師、小中の退職教師、元高校教師、保育士、保護者、そして中学生も参加した。その席に私も加わって発言させていただき、一人ひとりの声を聴き合う懇談会となった。皆で書いた感想文の中に、次のような中学生の声があった。

　「学校では私自身がおかしいと思うことがあったけど、いろんな話を聞いて、実際あたりまえとして教えられたことも、おかしいところがあることに気づきました。学校では、発表するとき、手をあげるときや返事、発音の声は大きくはっきりしろと言われます。でもそうしたくない子は必ずいて、そのたびにいじられたり注意されます。……そういう生きづらさも学校にはあると思いました。」

　緩やかに語り合う会として、今後も続けていくことが確認された。呉市では、こうした声を交流していくこと自体が貴重な運動なのだと、その席に居て私も実感した。

(2) 教科書採択の変化と教育大集会の開催

　呉市では 2011 年の中学校教科書採択から、歴史と公民分野では育鵬社が採択されてきたが、2020 年 8 月、ついに育鵬社不採択という結果となった。

　それまでの 10 年間の歩みは、裁判に訴えた法廷闘争を含む市民運動となり、ようやくひとつの峰を築くことができた。

　事の始まりは小村和年前市長による「しかけ」からである。前市長は皇国史観の信奉者と言われる人物で、市長―教育長―市教育委員会という縦の線を用いて、戦前回帰と批判されるような教育への介入を行ってきた。

・1928 年制定の「呉市歌」を 2009 年の小・中・高校の卒業式・入学式時に強制した。歌詞は「大和島根の瀬戸の海に／久遠の光仰ぐ国／ああ新潮の高鳴りに／天翔りゆく鳳や／呉市　呉市　大呉市」である。
・2009 年から、第六潜水艇追悼式（1910 年訓練中に殉職、美談が修身教科書に載る）に中央学園の小学 6 年生を参列させた[注6]。

　こうした流れのなかに、歴史・公民教科書の育鵬社採択問題がある。

　小村前市長のもとで教科書選定資料作成の「視点、方法」に、「神話・伝承」「国旗、国歌、領土」など育鵬社が有利になる項目を入れた。

　2015 年での再度の採択後に、市民グループが選定資料分析で「誤記や不正」を発見し、以後公開質問、情報公開請求などを行い、住民訴訟にまで発展した。こうした市民レベルでの批判運動が高まってきていた。

　2020 年 10 月の日曜日、「前川喜平さんのお話しを聞く会」が催された。3 月に実行委員会が結成され、新型コロナ感染が続く中で開催自体が危ぶまれるなかでの取り組みであった。呉市と呉市教育委員会に集会後援を求

める取り組み（結局は却下された）などを進め、当日は 300 名近くの参加
者があった。集会開催をとおして、政治・自治体行政・教育のあり方を問
い直し考え合う機会となったとまとめられている。

6．総合的考察

　①呉中央学園（通称）は施設一体型小中一貫学校であり、その特徴は
4・3・2（前中後期）の学年区分と教育課程を採用している。しかし、
学校教育法第 1 条に新設された 9 年制義務教育学校には移行せず、制度的
には呉中央小学校と呉中央中学校の 6・3 制小中学校のままである。

　ここに、校舎や教育課程区分と通常の小学校・中学校区分との二重基準
が生まれ、これが主要な原因となった不整合さと矛盾を抱えている。

　②呉中央学園の教育では、9 年間を通して教育を見渡す思考の枠組み形
成、とりわけ中期（5・6・7 学年）の授業や教育課程の工夫、異学年と
の交流活動、必要に応じた教師間での交流など、小と中が分離した学校で
は実現しにくい取り組みが、教師集団の努力によって行われている。

　この中期のまとまった教育の成果について、私は未だ確定した評価は下
せず、試行過程にある実践と評する。

　③呉市はかつて大日本帝国時代には海軍の鎮守府が置かれた軍港であり、
日本国憲法下でも戦後の一時期を除いて海上自衛隊の基地港であることか
ら、「国防と観光」の街づくりがめざされている。このように、国家主義
の色彩が強い軍需産業依存体質が政治や経済の基軸を貫き、それが市民生
活や意識にも大きな影響を与えている。

　④政治や教育行政においても、国家が推進する教育政策を率先して受容
する傾向が強い。すなわち、新自由主義による自己責任意識を伴った競争
と効率化が主軸にあり、それを補強するいま一つの軸である愛国心と郷土
愛の形成や圧力による上からの教育支配が貫かれている。その結果、この
流れに積極的に適応する人間像や子ども像が期待されている。

　そのために、日本国憲法内部に宿る両極の綱引き状態が存在している。
すなわち、平和主義及び人権尊重主義の教育理念実現と、軍国主義及び人

権抑圧の思想受容との両極である。

　⑤加えて、基地と鉄鋼・造船産業の中央地域と、瀬戸内の島しょ部や山間部との地域間格差や生活様式の差異が顕著である。したがってなおさら、呉中央学園の教育が全市でのモデルの役割を過剰に担わされている。

　⑥呉中央学園内部やそれをモデルとする一貫学校にも、上記③、④の対立や諸矛盾が、上から指示される教育への疑問や戸惑いとして底流に存在している。それは、めざす子ども像や学力、生徒指導や進路指導、地域への開かれ方や協力形態などに及んでいる。他方で表面化することは多くないが、学力競争からの離脱、暴力やいじめの発生、不適応や不登校に追い込まれる児童生徒の存在などが指摘されている。

　⑦こうした問題について、声をあげる市民運動や草の根からの学び合う集いや相談・支援の取り組みが行われており、そのいくつかは目にみえる形態で表面に出てきている。呉中央学園を含む呉市の義務教育が、今後どのように進展していくか、引き続き注視して行きたい。

注

（注1）天笠茂監修、呉市立五番町小学校・二河小学校・二河中学校編著（2005）『公立小中で創る一貫教育——4・3・2のカリキュラムが拓く新しい学び』ぎょうせい

（注2）同書、p.20.

（注3）国立教育政策研究所、生徒指導・進路指導研究センター発行（2014）生徒指導リーフ15『「中1ギャップ」の真実』

（注4）パンフレット「汐風の吹く街で」（2019年9月）広島県母親大会開催記念発行

（注5）2018年度の呉中央小学校「小中一貫教育推進計画書」によれば、5、6年の授業への中学校教師の乗り入れ授業方式による年間授業時数は、次の通りである。国語21、算数21、外国語72、音楽60、体育60。

（注6）市長による教育介入の実態については以下に報告がある。是恒高志（2018）「学校教育に入り込む自衛隊と大和史観」『歴史地理教育』2018年10月号

第4章　小中一貫教育の問題点、矛盾、現実
—— 〈座談会〉研究から見えてきたもの

参加者　梅原利夫、金馬国晴、佐貫浩、富樫千紘、山本由美
小中一貫教育についての座談会（2020年11月30日 Zoom）

1．小中一貫は何を目的にしたのか——議論の第一の柱

梅原　もともと小中一貫教育の「一貫」とは何を意味するかが曖昧なままに使われてきていて、その定義も問われているように思います。小中一貫教育の優位性が言われてきましたが、エビデンスはあるのでしょうか。

佐貫　第1に中1プロブレムの克服、第2にカリキュラムを小学校と中学校でうまくつなげればもっと効率的なカリキュラムができると言われてきました。第3のメリットとして、学力が上がると言ったのか言わなかったのか？　そこを確かめておきたいのです。

山本　最初に呉市で2000年に文科省の研究開発学校制度を利用して一貫校が開始され、メリットとして2点あげられていました。1点目が、小5で自己肯定感が下がるという心理学データに基づいて、今までの6・3制ではなくて4年生と5年生の間に一つの区切りを設けるという根拠。もう1点が、中学になるといじめや不登校が増えるのは、小と中の文化が違って段差があるからだということで、「中1ギャップ」解消。学力については、2014年の文科省の全国調査の中で、小中一貫教育にするとこんなメリットがあると総花的に関係者に聞いていて、その中で「学力テストの点数が上がる」という項目がありました。「上がった」と「大いに上がった」の回答が4割ぐらいで、それを引用して学力が上がったと述べている自治体が多いように思います。有意差など検証した調査ではないものです。

梅原　「中1プロブレム」解消でメリットがあるという理由づけが言われたことがあったと思うけれど、国立教育政策研究所でさえ、かならずしも

そうは言ってないのではないでしょうか。

山本 2014年の国研のリーフレット「『中1ギャップ』の真実」で、不登校やいじめは、小と中の文化ギャップがあるから生じるのではなくて、すでに小学校高学年からもう発生している、とされたことですね。「中1ギャップ」に科学的根拠はないというこのリーフレットが出てから、2015年の学校教育法を改正し「義務教育学校」を新しい学校種にする国会審議でも、推進派の人たちは一切「中1ギャップ」という言葉を使わなかった。けれどまだいくつかの自治体は、根拠として使っていますね。

梅原 にもかかわらず私の印象では、推進校の公開研究会などで、非常に断片的に、去年から今年にかけて、学力テストの結果が上がったとか、子どもたちへのアンケート調査で、一貫校は学びやすいという結果が出たとか、不登校の数が少し下がったとか、都合のいいデータをエビデンスとして前に出し、恣意的な説明がされている感じがします。こういうバラバラで、たまたま見つかったデータを都合良く解釈するような風潮に関して、非常に疑問を持ってきました。全体として、小中一貫だからこういう成果が出たという科学的なデータはきちんと提示されていないと思います。

金馬 成果または動機について、いろんな報告書では、20項目近くも挙げられています。何でもかんでも動機にされ、成果に挙げようとされてきたと思います。

佐貫 全国学力・学習状況調査、いわゆる学テが開始されたのが2007年で、学力向上に自治体が乗り出すのはそれからです。そこでは過去問に集中的に取り組ませ、特別支援教育の対象者が広がるなかでそういう生徒の点数を除外するなどのさまざまな「対策」も行われてきました。たとえ学テの点数が上がったとしても、そういう「学力向上」のある種の「成果」を小中一貫教育の成果だなどと科学的根拠を持って示せるようなものではないでしょう。品川区でも6校の施設一体型一貫校の他は独立した小・中の協力による一貫の試みです。それらを区分けして施設一体型一貫校の学力効果を計測した調査があるわけではありません。

山本 2015年の学校教育法改正のとき、文科省が、一貫校と非一貫校を同一条件で比較した調査はないと述べていました。条件を一緒にして小中

一貫校の方が優れているとは論証できないということです。

梅原　概念区分を明確にして調査しなきゃいけないのに、たまたま学力テストの点数結果が良かったといったり、不登校の子が減ったっていうことがあったりしたことを、小中一貫だから減ったというふうに説明する。やはり大事な概念区分とデータの集積で、私たちの側からもデータを検証し、詰めていく仕事が必要だと思います。

佐貫　品川の場合に、エリート校を作るという思惑が強くありました。授業時間数を比べると、施設一体型一貫校の日野学園などは他より相当多く、先生も多く配置されました。しかもデラックスな新校舎で、新しい実験教育が始まるという雰囲気があり、学校選択で多くの子どもがその学校を選びました。ところが、そういうエリート校を作るという目論見は完全に破綻しました。品川の場合、3～4割が中学進学時に受験して私学に出ます。選抜できない小中一貫校で、中学段階（一貫校の7～9年生）で高校受験に特化した受験教育をするなどは不可能です。そうすると施設一体型の一貫校の小学校の6年生で、成績の上位の生徒たちが私学に脱出してしまう。結局そういう一貫校の7年生の約半分は、7年生段階で新たに転入してくる生徒になり、エリート校化も、一貫教育も破綻せざるを得なくなった。そのとき残ったのは、教科担任制とかカリキュラムの早修制（例えば漢字は5年生までに6年生までの分を早修する）、授業時間数を多くするとか英語教育を早めるとかになる。その結果、新自由主義改革で突出したもの、首長が実行したいと思う独善的な教育改革——受験競争体制の小学校への引き下ろし、授業時間数の増大、英語教育の早期化、5・6年生への教科担任制や期末テスト体制の導入等——が、小中一貫教育だとされ、それは同時に政治的パフォーマンスの材料にもされてしまった。

金馬　小中一貫校では、いろんな改革を同時並行でいっぺんに進めている例が目立ちます。校舎まで施設一体型にしている学校が特にそうです。そうなると、小中一貫教育そのものの「効果」だけを取り出すことが難しいわけです。逆に、そういう強引な競争を強める改革とその矛盾が蓄積し、小中一貫校に矛盾が集中させられてきた面もあります。

佐貫　例えば自己肯定感について見ると、都筑先生たちの教育心理学グ

ループの研究で、小中一貫校の危うさが出てくる傾向が明らかにされました。自己肯定感は、学校の人数や窮屈さによっても大きく影響されると思います。品川の施設一体型小中一貫の伊藤学園で見れば、地域の小学校と中学校の生徒が、今までの中学校だけの校地に一緒くたに詰め込まれて1,000名近くになり、地下2階地上5階の校舎になり、子どもたちのゆとりある居場所がなくなり、自己肯定感もより困難を抱えたと思います。小中一貫で5・6年生が教科担任制になるというのも、クラス担任の系統的指導の下で、小学校のリーダーとしてのクラス活動を生み出すという丁寧な指導がなくなっていって本当にいいのかという点で、重要な検討課題だと思います。今のコロナ禍のなかでは、担任による丁寧な生徒へのケアがあらためて注目されているのではないかと思います。20人学級にして、深い子どもと教師の関係を作ることが、この危機を乗り越えるためにも不可欠ではないかと考えられてきています。しかし小中一貫校はそれとは逆の方向で教育改革を進めてきてしまいました。

　そもそも日本の学校教育が子ども達を、その発達段階に沿って主体的に育てようとする仕組みの一つの到達点として6・3制という学校区分が生まれてきたはずなのに、何ら説得的な教育学的検証もないままに、小中一貫教育で大幅な学校統廃合を進めて教育予算を縮減できるという「メリット」に着目して、義務教育段階の学校区分を乱暴に組みかえようとした。そのような教育改革の危うさをしっかり明らかにする必要があります。

金馬　結局たくさんの改革をいっぺんにやっている学校の中で、建物を新しくしたのでその使い方をマネジメントするとか、新しい制度に従うための先生方への研修が忙しく優先されたりして、結果として子どものことが考えられないままに進行している。

佐貫　私たちの科研研究の成果の第1回目の本（『これでいいのか小中一貫校』2011年）の中で、都筑先生が子どもの認識の発達に関して「形式的操作」と「具体的操作」という10歳の壁問題に触れられています。思春期の中で、子どもは新しい関係世界を作り直していきます。それまでの社会の規範を受容する段階から、自分たちが価値があると思う規範に依拠して関係を創り直す段階に入っていく。それが親からの自立とか、学校規

範からの自立というあらたな探究に繋がっていく。でも自立は孤立に行く
のではなしに、思春期の仲間の共感の世界、主体的に生きるためのあらた
な仲間同士の関係、規範や世界観を創り出し支え合いつつ、思春期的自立
を達成していく。そのことと小学校の5・6年生が、自治的関係を生み出
したりリーダーシップを発揮していくことなどが深く繋がっているはずな
のです。でも小中一貫に結びついて出されてきた発達の4・3・2区分論
や4・5区分論などは、思春期の発達が早期化しているなどの現象的な理
由だけで、認識の発達上の検討をしっかり行っていないと思います。その
ため、中学校教育の競争的な仕組みを小学校段階に降ろせば、中学校の競
争的な学習に早く順応でき、中1プロブレムも解消できるだろうというよ
うな乱暴なものになっていると思います。そのために、日本で蓄積されて
きた豊富な小学校高学年の教育実践の成果が顧みられないままに、小中一
貫教育が推奨されるような事態が生まれてしまっています。その辺のこと
は教育学や教育心理学も、十分批判的に解明できていないと思います。

梅原　小学校教育と中学校教育のカリキュラムが、小中一貫をすることで
スムーズに見通せるというようなことを言われてきました。しかしながら
多くの一貫校を見てますと、学習指導要領の小学校の6年間と中学校の3
年間に、別にダブリなんかありませんから、カリキュラム上一貫校にした
からといって、無駄が省けるとかスムーズに行くわけではない。

山本　教育課程のところで、中学校の教育内容を小学校に前倒しするとい
うことと、小中一貫の独自教科を導入するということは、品川が口火を
切ったものです。独自教科の中に新自由主義的な内容を入れるのが当初の
流行りで、品川だと「市民科」、三鷹だと「アントレプレナーシップ教育」、
京都だと「読解科」とか、当時の教育改革の目玉を6年間一貫した独自科
目として入れるというスタイルで、品川はその突破口になりました。

佐貫　それまでの地方教育行政では、自治体が教育長の独断で、これが公
教育の教育内容だとして新しい教科や教科書が作成されることなどあり得
ないことでした。ところが突然それが可能になった。国レベルだと教科書
検定がありますが、自治体レベルでは検定もない。首長や教育長の個人的
な思想や興味で、教科や教科書が勝手に作られ、それが学校教育で使用さ

れていく。地方自治体の政治権力が、教育内容を勝手に作っていいという事態が進行してしまった。本来の教育の自由という点からは恐ろしい「自由化」が始まったわけです。

山本　2002年の教育特区で、それが規制緩和の一環でできるようになったことが大きいですね。品川区の若月教育長は中教審の委員でしたから、それは文科省の政策と一体化した動きで、そういう動向を導入するために小中一貫教育を使ったのだと思います。

2．小中一貫校の拡大で何が起こったか──議論の第二の柱

梅原　次の柱に行きたいと思います。もともと小中一貫教育はそれを推進する方々も政策側も、それ自体が目標ではなくて、目指すべき教育を実現する手段として導入するんだと最初から言っていました。では、この20年間で、小中一貫教育で実際に行われてきたことはどういうことだったのかを検討してみたいと思います。小中一貫を掲げることで、実際どんな変化、問題や困難が出てきたのでしょうか。

山本　最初に呉市で小中一貫校ができたときは、3つの小学校と1つの中学校を統合するための「校種を超えた統合」ということが背景にあったと思います。特区でそれに飛びついた品川区や京都市などでも統廃合という動機が非常に強かった。けれども品川の場合は、選択制を導入するときに、「統廃合をしない」と言質を取られていてできないという事情があった。保護者は、統廃合というとネガティブなイメージを持つけれども、新しい教科や英語ができる小中一貫教育とされることで、抵抗感がなくなるということもありました。2014年からは、「地方創生」政策がそこに加わり、公共施設等総合管理計画、つまり自治体が公共施設の面積を減らすため校種を超えた「施設の複合化」ということで、小学校・中学校、あるいは児童館、保育園、集会施設などを一つにするのが財政誘導でどんどん進められて行く。その中で、小中一貫校は一気に公共施設の延床面積を減らすことができるということで多用されるようになりました。それと、これまで小学校区がコミュニティの基礎として活用されることが多かったわけ

ですが、そういうものを解除して「中学校区」を基礎に上から地域を再編していくときに、小中一貫校が利用されて「住民自治の解除」がなされた面があると思います。途中から小中一貫校はコミュニティ・スクール制度とセットで活用されるようにもなりました。

梅原　その結果、つくば市やいくつかの地域では、超マンモス校ができました。

山本　つくば市は人口急増に対応して、「学力日本一」をうたった非常に巨大な施設一体型小中一貫校を2012年に開設し、それが2016年に義務教育学校に移行しました。けれども2016年に教育長になった筑波大学名誉教授、門脇厚司氏のもとで大規模な検証が行われた結果、施設一体型一貫校における6年生の意識調査でネガティブな結果が出るという「6年生問題」という傾向がわかった。門脇氏は2019年12月に教育長を辞めるとき、新たな教育振興基本計画に向けて、義務教育学校の中でも6・3に分けた従来の小中学校のスタイルに戻す、新たに学校を作る際は小中一貫にはしない、といった内容の素案を出しています。

佐貫　統廃合が非常に強力な動機になって小中一貫が推進されたことで、小中一貫校の現実がとんでもないものに崩れていきました。例えば、品川では6校の施設一体型一貫校の校地は、そこに集められた子どもたちがそれまで学んでいた校地の半分になりました。全部で18校の小学校と中学校が6校の施設一体型一貫校に統合されて、浮いた土地は自治体が自由に活用できる土地になってしまった。そのため学校は超過密になり、運動会も大変なものになり、最初はよく考えもせず小中合同の運動会をやるという事態も生まれました。また中学3年生と小学1年生が日常的に接触するような学校空間になってしまった。校舎も地下2階で地上4階、エレベーターが無いとしんどいところを子ども達は歩いて移動するわけです。そういう学校建築の上からしても自己肯定感とか居場所とか時間のロスとかがあちこちで起こった。学校にとっての異常事態とも言うべきことが突然引き起こされてしまいました。しかし、そういう矛盾に気づいても、すでに施設が一体化されているので、小学校と中学校を分離して、元にも引き返すこともできません。

山本　特に品川の場合は、都市再開発がモチベーションになっていました。区立日野学園を作るときの第二日野小は、一貫校になるとイメージできないような歓楽街の中の小さな小学校でした。でも周囲一帯が全部再開発で、企業の強力な再開発の力が働いて、無理やり作ってしまった。再開発で一帯は急変貌していきました。今の東京都だけを見ると、小中一貫校の建設に積極的なのは八王子市、清瀬市、西東京市など人口減少地域が、公共施設をまとめるために一貫校を作っている。今都心は人口が増えており、もう一貫校なんて建てる余裕もなくなって、統廃合もできません。東京の場合はジェントリフィケーション、再開発に対応してきたと思います。

金馬　推進側は、小中一貫教育は別の教育課題の手段だと言ってきたと思いますが、実は小中一貫は、政治や経済のための手段になってしまっているという問題だと思います。深刻なことに、自治体経済にとっても負担になりつつある例も出てきている。新しい校舎の建築管理費やスクールバスの運転手代などでかえって高くつき、地方の財政を圧迫して、深刻です。自治体や教育委員会からしても、小中一貫校を作らなければよかった、元あった校舎で教育の内容や支援員の充実をしたほうが良かったという例もあるようです。

山本　ただ、国政レベルの政策では、小中一貫は、2010年くらいからは「グローバル人材養成に向けて学校制度を複線化させる」という、財界の要請を受けて進められたことなのです。実際、統廃合やコミュニティの改変などによってさまざまな弊害が出ていると思いますが、政策的にはもっと大きな枠組みの中で進められてきたことだと思います。

金馬　議員や首長の候補の選挙公約、マニフェストとして提起され、それを実施するんだという形で進められてきてしまったことがあります。国の政策に我々自治体こそ自主的・積極的に乗っていくんだ……みたいなことのアピール効果もあったと思います。

梅原　私は呉市にこの間ずっと調査で入っています。呉市では、形の上では全市的に小中一貫校になりましたが、呉中央学園以外は実態は連携校とか隣接校で、過疎の地域もいっぱいあり、中央学園は全市的な教育政策を最も忠実に推進する先進校の役割を過剰に担わされているという印象を持

ちました。もともと呉市の経済や社会生活が海上自衛隊と共存するという
状態です。大和ミュージアムが一大観光地です。教科書についても2021
年度以降に向けた中学校の採択で初めてひっくり返ったのですが、これま
ではずっと育鵬社の歴史と公民の教科書を使っていました。呉市は、グ
ローバル時代に世界に開かれる市民を育てると一方で言いながら、中学校
の教科書は歴史記述で科学性の点で批判されている教科書をずっと押しつ
けてきました。そういう教育を強力に推し進める役割を、呉中央学園が担
わされてきた。先生たちも複雑な思いをしながら、その中でも子ども達の
ために少しでも良い教育をということでやっていますが、毎年のように公
開の研究発表会が開かれて、そこでは積極的に成果を強調しなければなら
ない圧力がかかっている気がします。

　そのために、逸脱する子どもたちがいれば、直ちに警察の力を借りると
か、不登校が多くて深刻な子どもたちがいるとかいう問題もある。でもそ
ういう問題は表に出ないで、小中一貫でこんなにいい教育をやっていると
いうことで宣伝されている。そういう教育行政の推進役を担わされた学校
として、シンボル化されているようなことが非常に印象的でした。それが
子どもたちのためになっているかどうかの検討が市民サイドから始まって
います。

山本　過疎の地域の学校を存続させるために、小中一貫校が一つの選択枝
となるような状況があります。特に義務教育学校は今130校ぐらい出来て
いますが、4割ぐらいは過疎地域に、小学校と中学校を存続させるために
あえて選択されたところです。もし統合されればその地域から一校もなく
なってしまうのですが、従来の小中併置校のような形で義務教育学校にす
ると存続しやすいのです。住民にとっては統廃合を選ぶか義務学校を選ぶ
かという選択を強いられて、存続させる方を優先するという例もあります。
さらに、小中一貫校にするときに小規模特認校にするケースもあり、特色
をつけて他学区から募集して、児童生徒数を増やして存続させるという戦
略も採られて、うまく行っているところがあります。高知市の土佐山学舎
は、児童生徒数の半分以上が他学区から来ていて、それで地域を活性化し
ようとしている。校長先生は、特色として英語教育を重視して、多くの生

徒が英検を取得しています、とおっしゃっていました。そういう過疎地の学校を存続させるための小中一貫校を活用するというのはありではないかとも思います。そのとき新自由主義的なカリキュラムにこだわらず、地域で学校をつくるというような動きになるとよいのかと思います。

梅原　都立小中高一貫校が創設されます。元々は立川にある都立高校を受験校としてグレードアップさせたいという動機で、まず十数年前に高校と中学を合わせた都立中高一貫校を作った。その時のうたい文句がグローバル化時代に世界市民を作る、そのために英語教育を重視する、受験も人間教育にも強い学校を作るということでした。この学校もいろいろ矛盾があります。高校が軸で中学がドッキングしたこともあって、高校のグローバル化対応や英語教育重視に中学校が引きずられていく傾向があります。また中高一貫の都立高校ですから、これまで社会科の教科書が育鵬社だったので、グローバルな世界市民の育成とは非常に矛盾があるような教科書を使わざる得ない。学校説明で必ず出てくるのが、有名四年制大学への進学実績で、それが学校の存在価値とされている。今度はそこに、小学校をドッキングさせようとしている。したがって、小中高12年間を見渡してどういう子どもを育てるかといった発想ではなくて、都立高校をバージョンアップさせることに中学がドッキングさせられ、さらに小学校がドッキングされるということにならざるを得ないわけです。小中高一貫は公立の学校では全国初めてというのが最大の宣伝文句になっていますが、一貫させて子どもたちや生徒をどう育てるのかが本当の意味では追求されていない。

金馬　小中一貫やその高校までの一貫もそうですけど、将来のために上の段階の学校に下の段階の学校を合わせるという意図が共通して見られると思います。特に小中一貫は、中学校の定期テストや厳しい校則などを小学校に下ろすような例が目立ちます。しかもそれらは、将来の進学や就職のため、社会に出て行くために今のうちに準備しなきゃいけないということを前倒しする、つまり「適応」させるというのが特徴のように思いました。

佐貫　実は今の日本の中学校教育は競争的な高校教育への準備を背負わされていて、小中一貫教育は中学の競争システムに小学校をできるだけ早く

組み込もうとしている。さらに幼小一貫も推進されていて、幼児教育で小学校の授業形態に向けて訓練することが目指され、それで「小1プロブレム」をなくするとしている。

　根本的問題として、そもそも小中高一貫校は本当に成立するのかということがあります。公立の場合、小学校では選抜ができないから、エリート学校を作ることは難しい。品川区もそうで、施設一体型一貫校の生徒も、大量に6年生卒業段階で私学に脱出していき、小中一貫校がエリート校にはなれない。公立の中高一貫も似たところがあります。受験で生徒を選抜できる私立の中高一貫は、どんどんエリート校化するが、都立では基本的には入試ができない。にもかかわらず実際は「適性」選抜はやっています。その結果、都立高校の中ではトップエリートの一つ下のところに中高一貫校が位置付いているのが現実です。この大学入試に繋がる競争システムの中で、どう有利な位置を確保できるかという確かな居所がつかめないと、小中一貫校も、中高一貫校も、エリート校としての位置は確保できないのです。純粋な意味で、小中一貫学校が、教育学的に見て子どもの成長に本当に有利な側面があるということが明らかにならない限り——そしてそれはほぼ無理だと思うのですが——小中一貫校制度は安定した学校制度にはなれないと思います。

富樫　そもそも小中一貫教育の小中一貫というのはいったいどういう定義なのかという概念規定が厳密にされていないのが大きな問題だと感じています。私は長いこと稚内に調査で入っていますけれど、稚内では中学校区を中心に小・中学校の連携が、子どもの様子の交流を中心に目指され、また小学校でやっていることをこれは中学校でつなげられるよねという内容を交流していた印象があります。そういう連携と、これまで話されてきた小中一貫には隔たりがあります。私自身は、小中の学校間連携自体は、子どもの発達保障の点で大事だと思います。今話されてきたような政策として小中一貫が進められてきたために、小中一貫には逆にネガティブなイメージすら付いてしまったように思います。学校間連携自体が悪いとかいうふうにはなって欲しくないなという思いがあります。

梅原　地域に育つ子どもとして、学校間連携で子どもの理解を深めたり、

子どもへの指導・働きかけを自覚的につなげていくことが大事になってきているということですね。

山本　概念規定を曖昧にしてきたのは、文科省が当初から「施設一体型」という区分を設定しないできたことによると思います。施設一体型かそうでないかというのが実際には決定的に重要なのですが、例えば「義務教育学校」という制度では、一体だろうが隣接だろうが分離だろうが、校長が1人であれば全部「義務教育学校」にされたわけです。施設一体型一貫校が何校あるかという調査すら文科省は頑なに拒んできて、2013年に朝日新聞の記者たちが県庁に一件一件電話をして、施設一体小中一貫校が何校あるかを調べ、そのとき100校あることが初めてわかったぐらいでした。文科省が、小中一貫教育といいながら、施設形態を概念規定に使わないできたことが混乱を招いたのだと思います。

佐貫　にもかかわらず、実際には、学校統廃合の手段という点では、施設一体型が政策にとっての最も中心の戦略的目標になっているわけですね。

3．どのような学校の制度理念が求められているのか
──議論の第三の柱

梅原　今後の小中一貫の推進については、中教審の初等中等教育についてのあり方に関する中間まとめが10月に出されました。小中一貫は、今後とも政策のスローガンとしては使われていくと思います。そういうことを前提にした上で、これからの教育実践と研究の課題を考えていきたいと思います。

金馬　第1の課題は、施設一体型の問題点をはっきり明確に明らかにすることだと思います。例えば私達の全国集会で、大阪のある学園の先生が詳細に報告されたように、チャイムを小中で違う時間に鳴らすしかないとか、運動場が同じ時間に使えない、体力差がある中で怪我をしたりするから、運動場の使用時間帯や曜日を分けるとか問題が多発します。となると姫路やいくつかの市の学校を訪問して思うに、施設が小中隣接型の学校は巧みだな、と。建設してしまった一体型の施設も、隣接型として活用するということも考えられるかもしれません。

　第2の課題は、施設分離型は、それと統廃合が結びついていないならば、小中一貫教育をやる現実的で妥当なタイプではないかと思います。横浜市も全ての小・中学校が連携教育を行う形でやっていますが、各ブロックができることだけやっているのですね。それは横浜市の教育行政から見ると徹底してないことになりますが、教育現場の裁量がきいているとも言えます。隣接型は、現場の必要に応じてやれる要素だけやるのが現実的だと思います。

佐貫　しかし、何か小中一貫教育を進めるのは、それに相応しい施設の関連の仕方、特に一体化などの施設の型に近づけることが望ましいというようなニュアンスがあるとすればそれは違うと思います。非常に荒っぽい言い方ですが、僕は6・3制の区分こそ小・中が連携していく最も基本的な、好ましい学校形態だと言っていいのじゃないかと思います。

　山本さんが言われた一番基礎の自治の単位、昔で言えば村とかになるだろうけど、その地域が小学生の育つ生活圏になる。バス通学も、過疎地でない限りいらない。中学生の場合はもう少し広がる生活圏が背景となる。そういう生活圏の差を踏まえて、小学校と中学校が連携すればいい。それと、コロナ禍の下での学校についての考え方の大きな変化もある。20人学級を実現し、子どもに対して丁寧なケアができる条件整備をすることこそが緊急かつ将来展望を切り拓くものとなる。だから小中の連携を図るには、施設一体型をやめ、6・3制の学校制度を土台に、それぞれ独立した小学校と中学校が協力すれば良い。そのために必要なのは教師の数を増やして、色々な挑戦が可能になるようにすることだと思います。

金馬　ところで6・3制でない国、9年制とかの小中一貫の制度の国はあるんですか？

山本　多くの国で、発達段階の異なる初等教育と中等教育は分離して行われています。ただしアメリカでは新自由主義教育改革の中で、貧困地域の小学校と中学校を同一施設に統合する方式がよく行われています。また一部ではK－エイトスクール（キンダーガーテン＝幼稚園から8年生までを収容する学校）もあります。中学校（ミドルスクール）に行くと施設が巨大化するから、そこで子どもがダメージを受けないように、中学2年目ま

でを小学校の校舎を建て増してそこに収容し、子どもを地域で守るといった運動によるものです。だから一概に全部とは言えないですけど。概して統廃合という動きで小中一貫校が導入されることが多いと思います。

金馬　小中一貫をやるのだったら、中学校をばらして小学校にくっつけるという制度も検討対象になるのでしょうか。

山本　そのようなプランを武蔵野市教育委員会が出して、市民運動の結果白紙になったことがありました。武蔵野市は最初6校の中学校に12校の小学校を2つずつ付けて併設するという計画を出してきました。統廃合ではないかと反対の声が挙がり、教育委員会が方針を変えて、12校の小学校に中学校を全部併設するという新たな計画を出して、教員定数も増えるということでした。

　しかし中学校を全校分割して小学校に持ってくるというその案に市民は反発しました。中学生も、中学校文化が消えてしまい今まで培ってきたものが継承できないなどの理由から猛反発しました。結局、白紙撤回されました。

金馬　小・中学校を一貫させるという発想が出てくるのは、中学校が、戦後改革以降ずっと義務制だからですかね。

梅原　かつて社会主義国の総合技術学校は、10年制とか12年制でやっていた例もありますね。私学のシュタイナー学校では、1人の先生が10年ぐらい同じ学級を見るとか、理念と制度と子ども理解みたいなものを通して一貫させるというはっきりした哲学のもとに行われてきた。歴史的にはそういう構想もあったと思います。

金馬　もう一つは、私立学校とか、国立大学附属の小・中学校とかの先例の検討が必要ではないでしょうか。横浜国大の附属鎌倉小・中学校が小中一貫のあり方を研究したことがあるのですけど、なだらかにすべき段差と残すべき段差もある、ということが結論として出てきました。それは、別の小中一貫校の報告書にも出てくる話なのですよね。

佐貫　フランスやドイツやイギリスなどでは、初等教育と中等教育の区分は職業分化の問題が基本で、中等教育段階で職業階層別に分ける形が基本でした。日本の場合も、中学校は戦後出発したときは、職業的分化という

ことを学校機能に含んで構想していた。ところが1960年代の高度経済成長を経て高校進学が90％を超え、中学は高校に進学するためのものという独特の競争的な学校制度に組み込まれていった。今では、大学入試の競争の下で、高校教育が日本の最も格差化、分断された矛盾の焦点になっていて、その高校への配分競争の場に中学校が位置付いています。韓国とかカナダとか、アメリカもある程度そうですが、大学入試も多様化して、誰でも入れるような大学を創ることも合わさって、高校を格差化しないように工夫している国もある。日本も大学入試の在り方を変えて、高校の格差を縮めていくと、中学も、そしてまた小学校も、子どもがもっと自由に生きられる場になっていく。そういう視野で、理論を立てることが必要ではないでしょうか。

山本　心理学グループによる3回のアンケート調査で、小学校は児童期とプレ思春期、中学校は思春期、と子どもの発達段階に対応した学校制度を採用してきたことの意味を確認できました。

　施設一体型小中一貫校になり、小学生と中学生が同一空間で学校生活を送るようになると何が変わるのか、第1回目の調査では小学生段階のコンピテンス（やればできる、という気持ち）の多くの指標でネガティブな傾向が出ました。第2回目の調査は、レジリエンス（困難に負けない、という気持ち）を中心に指標にしたものでしたが、6年生で対教師関係、友人関係に課題があり、第3回の調査では、一貫校のリーダーシップの獲得に課題があるということがわかりました。小学校と中学校を同一空間にすることで起きる問題について、科学的根拠を持って理解できたことが、大きな収穫でした。

　呉市で当初は、中1ギャップと自己肯定感を小中一貫教育の根拠にしていたのが、今9年間一貫したスタンダードの導入ということに変わっていますね。どの時点で変わったのでしょうか。

梅原　呉市が教育目標を、学習指導要領や文科省の政策に比較的忠実に合わせているということでしょう。今指導要領でいわれている資質・能力の三本柱を、もう少し前にスタンダードがはやりだした頃に言い始めて、そっちのほうが中心になっているわけです。これからは個別最適な学びが

強調されていくと思います。文科省が出した教育改革の最先端の新しい部分を採り入れながら、呉中央学園が推進役をしているように見えます。

山本　今、西東京市とか三鷹市とか、板橋区などでも、軒並み、９年間一貫したスタンダードが必要だという言い方をしているのです。他に小中一貫の根拠がないからでしょうか。

梅原　実践の検討課題でもあるし、今後研究として何を考えていくかを、３点ほどまとめて挙げます。

　一つは階梯という問題で、義務教育学校の９年間の学校の中を調べると、６・３制でない場合、最も多いのが４・３・２制です。小６と中１・中２をひとまとめにして３年間を一つの教育段階のエリアとして区分けし、これまで小と中が分断されていたのをカリキュラム上はまとめあげることができるという理屈です。その実態は、研究課題としてしっかり見ていく必要があると思います。

　それから２つ目に、小学校５・６年生に教科担任制を入れることが、現実問題になりましたが、これが小中一貫と結びつく可能性がある。中教審、文科省は、中学校の単純な教科担任制と違い、複雑な教科担任制を小学校５・６年に採り入れようとしています。果たしてそれで効果があるかということも含め、検討すべき課題があると思います。

　それから３つ目は、教員免許制度とそれに伴う教員養成制度ですね。幼小中校という免許の区別を崩して一貫教育対応にしていく場合、免許制度問題の改革は、大学の教員養成制度も関連して、大きな課題になってくると思います。

金馬　１点目については、９年間の中をどう区分するかという話ですね。思春期をとりたてて区別するのが中期だとすると、そこをわざわざ取り出す必要があるのかというのが、今まで研究してきた上での疑問です。６・３制は、六の中に児童期と思春期が混ざってしまってきたわけですが、それが良かったんじゃないか、というふうに思ってきました。

山本　４・３・２制はただ施設を一体化するためだけに出された根拠ではないでしょうか。５年生から自己肯定感が下がることが問題にされましたが、都筑先生の研究では、自己肯定感が下がるのは正常な発達で、別に問

題があるわけではなく、今に始まったことでもない、とされています。京都市などは施設一体にするときは「4・3・2制」で、施設分離型にするときは「5・4制」をとって、全く統一性もない。単にどれだけその校舎に詰められるかということで階梯を分けていると思います。「4・3・2制」も今、全国の施設一体型小中一貫校の6割弱くらいに減ってきています。教職員の指導観とか保護者の理解を追加調査していくことも一つの課題だと思います。あとコロナ禍になって、地域に小規模校で、少人数学級というのが環境としても求められていく条件ができています。コロナ禍の2020年以降、一貫校の計画が破綻したり首長選でひっくり返ったりしているところも出てきています。

富樫　これまでの私達の調査だと、どちらかというと中学校の指導が小学校に入ってきた例が多いですが、小学校の指導観を中学校にという事例もあったと記憶しています。小学生に対する指導の在り方とか中学生に対する指導の在り方とかは当然違います。異なる学校種の先生同士が子どもの課題をどういうふうに捉えるかをめぐって、指導観などを広げられる可能性があるのが小中一貫のための話し合いだと思うのです。また、保護者にとって小中一貫というのはどういうイメージなのかなというところも気になっています。すごく良いイメージを持っている人もすごく悪い印象を持っている人もいる。小中一貫という言葉に何を期待するのかなどを、意識調査するとどうかなと感じたりしています。

梅原　本日は、有意義な意見交換をありがとうございました。

【座談会参加者プロフィール】
金馬国晴（きんま・くにはる）
一橋大学社会学部卒、東京大学大学院教育学研究科修士課程修了、同博士課程単位取得退学。現在、横浜国立大学教育学部教授。
単編著『カリキュラム・マネジメントと教育課程』（学文社、2019年）、共編著『SDGsと学校教育　総合的な学習／探究の時間』（学文社、2020年）ほか。

富樫千紘（とがし・ちひろ）
和光大学現代人間学部講師。専門は教育経営学、学校づくり研究。

【編著者】

梅原利夫（うめはら・としお）第Ⅱ部第3章、第4章担当

和光大学名誉教授、民主教育研究所代表。専攻は教育課程論。最近著は、『新学習指導要領を主体的につかむ』（新日本出版社、2018）、『続　人間を探す旅』（自費出版、2018）。

都筑　学（つづき・まなぶ）第Ⅰ部第1章、第2章、第7章担当

中央大学文学部教授。博士（教育学）。専門は発達心理学。単著に『小学校から中学校への学校移行と時間的展望──縦断的調査にもとづく検討』（ナカニシヤ出版、2008）、『希望の心理学』（ミネルヴァ書房、2004）、『今を生きる若者の人間的成長』（中央大学出版部、2011）など。

山本由美（やまもと・ゆみ）第Ⅱ部第1章、第4章担当

和光大学現代人間学部教授。専門は教育行政学。著書に『学力テスト体制とは何か』（単著、2009）『教育改革はアメリカの失敗を追いかける』（単著、2014、ともに花伝社）、『小中一貫・学校統廃合を止める──市民が学校を守った』（共編著、新日本出版社、2019）など。

【著者】

岡田有司（おかだ・ゆうじ）第Ⅰ部第3章、第6章担当

東京都立大学大学教育センター准教授。専門は教育心理学、発達心理学。著書に『中学生の学校適応──適応の支えの理解』（単著、ナカニシヤ出版、2015）、『共生社会へ──大学における障害学生支援を考える』（共編著、東北大学出版会、2020）など。

金子泰之（かねこ・やすゆき）第Ⅰ部第4章、第8章担当

静岡大学教職センター講師。博士（心理学）。専門は教育心理学、発達心理学。主な著書に、『中学生の学校適応と生徒指導に関する研究』（ナカニシヤ出版）がある。

髙坂康雅（こうさか・やすまさ）第Ⅰ部第5章、第9章担当

和光大学現代人間学部教授。博士（心理学）。専門は青年心理学。著書に『ノードとしての青年期』（編著、ナカニシヤ出版）、『恋愛心理学特論』（単著、福村出版）、『レクチャー青年心理学　学んでほしい・教えてほしい15のテーマ』（編著、風間書房）など。

佐貫　浩（さぬき・ひろし）第Ⅱ部第2章、第4章担当

法政大学名誉教授。教育行政学、道徳教育論、教育課程論等専攻。著書に『現代をどうとらえどう生きるか』（新科学出版、2016）、『学力・人格と教育実践』（大月書店、2019）、『「知識基盤社会」論批判』（花伝社、2020）他。

小中一貫教育の実証的検証──心理学による子ども意識調査と教育学による一貫校分析

2021 年 3 月 25 日　初版第 1 刷発行

編著者 ───── 梅原利夫・都筑学・山本由美
著者 ─────── 岡田有司・金子泰之・高坂康雅・佐貫浩
発行者 ───── 平田　勝
発行 ─────── 花伝社
発売 ─────── 共栄書房
〒 101-0065　　東京都千代田区西神田 2-5-11 出版輸送ビル 2F
電話　　　　　03-3263-3813
FAX　　　　　03-3239-8272
E-mail　　　　info@kadensha.net
URL　　　　　http://www.kadensha.net
振替　　　　　00140-6-59661
装幀 ─────── 佐々木正見
印刷・製本 ── 中央精版印刷株式会社

ISBN978-4-7634-0959-1 C3037

小中一貫教育を検証する

山本由美　編

定価（本体 800 円＋税）

●学校統廃合で地域から学校が消えていく
「中1ギャップ克服」、「学力向上」をうたい文句に全国に野火の
ように拡がる小中一貫教育。
「小中一貫」に名を借りた大胆な学校統廃合も急増している。
全国的な実態の検証とともに、現場から対抗軸を模索する。
地域から小学校が消えていく現状を緊急レポート。

品川の学校で
何が起こっているのか
──学校選択制・小中一貫校・教育改革フロンティアの実像

佐貫 浩　著

定価（本体 1200 円＋税）

●学校選択制で街から〈地元の学校〉が消えていく
小学 1 年生から中学 3 年生までが巨大校舎に同居する小中一貫校
自治体教育改革フロンティア・東京品川の 10 年を検証

学力テスト体制とは何か

——学力テスト・学校統廃合・小中一貫教育

山本由美　著

定価（本体 1700 円＋税）

●子ども不在、学校現場不在の教育改革の全貌

新自由主義教育改革はここまできた！

学校選択制、学校統廃合、小中一貫教育、学校二学期制…… 今日、さまざまな教育改革が矢継ぎ早に教育現場にふりかかってきている。

それらは、学校を序列化し淘汰していく、学力テスト体制という大がかりな仕組みのパーツに他ならない。

親や教師は、いま、何ができるか？

「知識基盤社会」論批判

——学力・教育の未来像

佐貫 浩 著

定価（本体 2000 円＋税）

● AI とロボット時代の未来像「知識基盤社会」は本当にすべての
人間を豊かにするのか？

「労働」ではなく「知」が価値を生み出すという「知識基盤社会」。
グローバル資本が求める生産力の高度化のみによって描かれる社
会に対し、私たちはいま、何を示すことができるのか。

過度に競争的・恫喝的な未来像に抗し、すべての人間がかけがえ
のない存在として把握される社会を探求する。

「ゼロトレランス」で
学校はどうなる

横湯園子、世取山洋介、鈴木大裕　編著

定価（本体 1000 円＋税）

●アメリカから輸入された「無寛容（ゼロトレランス）」政策。教育破壊のゼロト
レランスを、学校から追い出そう
ささいなことから「別室指導」や警察沙汰に追い込まれる生徒
たち。広島県、新潟県など全国で多発する生徒の自殺案件から
警鐘を鳴らす。